PAPIER MACHÉ

Miranda Innes

PAPIER MACHÉ

einfach selber machen

Photographie von Clive Streeter

AT VERLAG

EIN DORLING KINDERSLEY BUCH

Englische Erstausgabe bei:
Dorling Kindersley Ltd., London 1995

Titel der Originalausgabe:
PAPIER MÂCHÉ

Aus dem Englischen übersetzt von:
Eva Haslinger

Produktionsbetreuung:
Print Company Verlagsges.m.b.H.,
Margaretenstr. 87, 1050 Wien
Satz: Kaltenbrunner+Dorfinger OEG

ISBN 3-85502-609-2

Printed and bound in France by Pollina

Inhalt

Vorwort 6
Material und Werkzeug 8

Auf geht's!

Einleitung 11
Stückchen aus Seidenpapier 12
Himmlische Schalen 16
Ein Meer von Fischen 20
Dreispitz-Vase 24
Schillernde Schale 28
Große Gefäße 32
Ideen zum Ausprobieren 34

Formen, Modellieren und Gerüste

Einleitung 39
Uhren, die anders gehen 40
Betuchte Spiegel 44
Elefantentopf 48
Kitsch-Schatulle 52
Faschingsmaske 56
Ideen zum Ausprobieren 60

Dekorative Ideen und Ausarbeitungen

Einleitung 65
Schmetterlings-Tablett 66
Prunkvolle Ohrringe 70
Wertvolles Papier 74
Vase mit Kupferstiel 78
Bol-Schale 82
Festliche Sternschale 86
Ideen zum Ausprobieren 88

Schablonen 92
Index 95
Danksagung 96

Vorwort

WAS FÜR Wasserraten das Plantschen im Wasser ist, ist das Kneten von Papierbrei für all jene, deren Kindheit zu kurz war, oder für die, welche Geschick und Ideen für schöne, ausgefallene und lustige Objekte haben und diese zum Preis einer Tageszeitung besitzen wollen.

Fischschachtel
Diese farbenfrohe Papiermaché-Schachtel wird durch modellierte Fischmotive noch verschönt.

Papiermaché ist aus vielen Gründen ein wunderbares Material. Erstens gibt es wohl kaum etwas Schöneres, als aus Abfällen etwas Kreatives zu gestalten. Sie können die Zeitung, aus der Sie Ihre Kunstwerke herstellen, ja auch lesen. Als ein Hobby ist die Arbeit mit Papiermaché absolut umweltfreundlich und unglaublich billig, und sollte einmal etwas nicht gelingen, kann man damit immer noch den Kachelofen anheizen oder die Rosen abdecken und sich dann mit frischem Elan auf die morgige Zeitung stürzen und etwas Neues beginnen.

Kein anderes Material ist so vielseitig einsetzbar wie Papiermaché. Im 19. Jahrhundert verwendete man es für die Herstellung von Stühlen, Tischen und Paravents. Im 17. Jahrhundert baute man in Norwegen sogar eine ganze Kirche daraus. Auch wenn Sie nicht ganz so ehrgeizig sind, so können Sie doch witzige, außergewöhnliche Kleinode schaffen, wie etwa Armreifen, Perlen oder Broschen; oder Sie können sich praktischeren Dingen zuwenden, zum Beispiel Tabletts, Schalen und Uhren.

Wenn Sie sich erst einmal schnell mit dem Material vertraut machen wollen, so lassen Sie sich von der natürlich groben und vielseitigen Oberfläche von Papiermaché überraschen. Erinnern Sie sich doch einmal an Ihre Zeit im Kindergarten zurück mit ihren stillen Freuden und dem vorbehaltslosen Enthusiasmus für das Basteln, sei es für das Formen von Tonmännchen oder das Bauen von Sandburgen. Die Herstellung macht fast mehr Spaß als das fertige Produkt; und wenn Sie erst mehr Erfahrung mit Papiermaché haben, können Sie wie ein Magier mit den verschiedenen Möglichkeiten spielen und eine

Handgefertigtes Papier
Gesprenkeltes Papier in allen Farben des Regenbogens.

Fröhliche Muster
Streifen, Zick-Zack-Linien und Tupfen farbigen Papiers bilden ein lebhaftes Muster.

Lack-, Porzellan- oder sogar Marmoroberfläche auf Ihre Werke zaubern. Sie können Ihre verborgene Kreativität hervorholen und dabei auch viel über sich selbst erfahren, oder Sie können hyperaktive Kinder ein verregnetes Wochenende lang mit etwas Nützlichem beschäftigen.

Papiermaché kann verspielt und naiv sein, und es läßt sich zu den feinsten, zartesten und raffiniertesten Dingen gestalten. Mit Hilfe eines Ton-, Holz-, Drahtgitter- oder eines Pappgerüstes lassen sich große und eigenwillige Objekte formen, etwa eine Pferdepuppe fürs Theater, ein Hexenhut und Masken für den Fasching oder Engelsflügel für das Weihnachtsspiel. Sie können auch auf Ihrem Küchentisch binnen weniger Minuten winzige Schmuckstücke produzieren. Dazu brauchen Sie nur Pappkarton, Farbe und Klebstoff. Sie können etwaige Beulen Ihrer Schöpfung mit einer Bandschleifmaschine ausbessern, sie mit Faden oder Stickerei verzieren, sie verfluchen und überhaupt Ihre Aggressionen daran auslassen. Die eher Anspruchsvollen können Sie färben, vergolden, mit Schmucksteinen besetzen, oder Sie erfreuen oder beschämen Ihre Freunde mit liebevollen Widmungen in Ihrer schönsten Schrift. Zaubern Sie mit kleinen Glasperlen einen glitzernden Rand, oder stellen Sie mit großen Holzperlen und Lederschnüren ein Etwas her, das auch aus Afrika kommen könnte. Papierklammern und Bonbonpapiere können zum Dekorieren von Ohrringen verwendet werden, oder vielleicht entwickeln Sie sogar eine Vorliebe für Nägel und Ösen.

Glänzendes Seidenpapier
Ein mit Metallpulver und Ölfarben bemaltes Seidenpapier ergibt eine sehr dekorative Mischung.

Kegel-Vase
Das unechte Blattkupfer wird auf Goldleim aufgetragen und dann sorgfältig fixiert.

Vor allem aber macht die Arbeit mit Papiermaché Spaß. Mit diesem billigen und leicht entsorgbaren Material läßt sich auch eine Festtagsdekoration herstellen, seien es nun bemalte Küken für Ostern, glitzernde, mit Straßstücken übersäte Weihnachtskugeln oder eine Geschenkschachtel mit eigenem Monogramm. Mit Papiermaché ist alles möglich. Die einzige Grenze ist die Ihrer Kreativität. Und es bietet Ihnen die Möglichkeit, Ihre verlorene Jugend teilweise wiederzugewinnen. Viel Spaß!

Schöne Accessoires
Diese einfach herzustellenden Perlen sind ein guter Einstieg in die Kunst des Papiermachés.

Material und Werkzeug

PAPIERMACHÉ ist ein billiges Hobby, da man dazu hauptsächlich alte Zeitungen benötigt. Viele andere Grundmaterialien, wie Schere, Klebstoff, Pappkarton, Abdeckband und Buntstifte, haben Sie wahrscheinlich schon zu Hause. Sie werden auch noch andere Werkzeuge, wie etwa ein Skalpell und eine Schneideunterlage, Drahtgitter und Modellierton, nützlich finden. Wenn Sie im Umgang mit Papiermaché geübter sind und Ihre Werke feiner ausführen wollen, werden Sie sich ein paar Dinge kaufen müssen, die aber alle nicht sehr teuer sind, zum Beispiel ausgefalleneres Papier zum De-

Verschiedene Papierarten

Metall-lineal

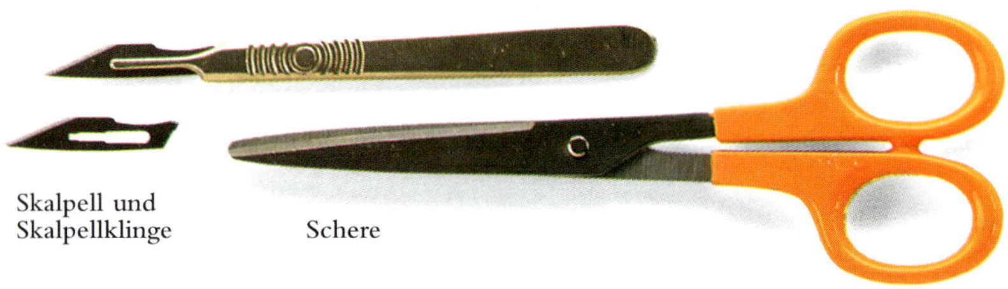

Skalpell und Skalpellklinge

Schere

◄ Eine Auswahl an Papier
Papier ist der wichtigste Bestandteil von Papiermaché. Sie können Zeitungspapier, normales Zeichenpapier oder sogar Packpapier zur Herstellung eines Papierbreis und zum Beschichten verwenden, oder aber farbiges Papier für eine besonders auffallende Verarbeitung. Ihr fertiges Werk läßt sich auch mit verschiedenen ausgefallenen oder gemusterten Papieren dekorieren.

▲ Schneidewerkzeuge
Eine scharfe Schere und ein gefährlich scharfes Skalpell sind notwendig, um den Karton für die Formen genau zuzuschneiden. Seien Sie vorsichtig mit dem Skalpell, und verwenden Sie immer eine Unterlage.

Tapetenkleister

Hasenhautleimgranulat

► Klebstoff und Leim
Verwenden Sie Tapetenkleister oder PVA-Leim zum Aufkleben von Papierstreifen oder zum Mischen mit nassem Papier bei der Papierbreiherstellung. Hasenhautleimgranulat wird zum Vergolden benötigt. Um Verbindungen zu verstärken und Kartonstücke zu einem Rahmen zusammenzufügen, brauchen Sie ein Klebeband.

PVA-Leim

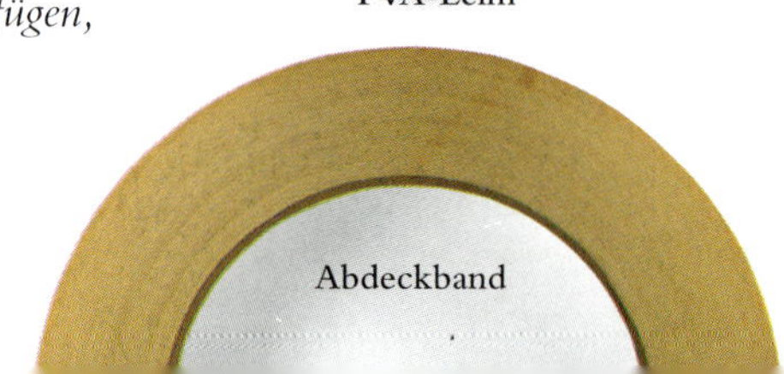

Abdeckband

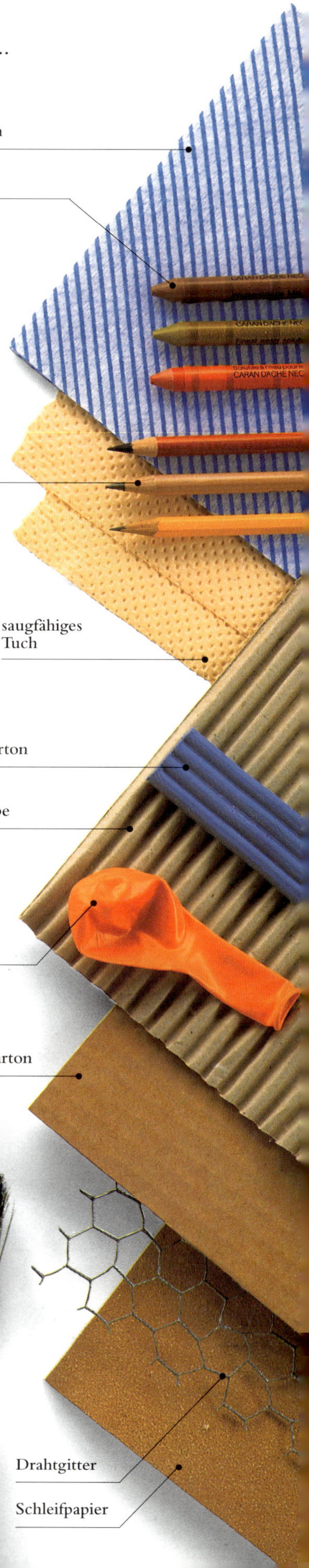

korieren, einen feineren Pinsel für Details oder eine größere Auswahl an Farben und Metallpulvern, um damit Ihren Papiermaché-Werken den letzten Schliff zu geben. All diese Materialien sind in den meisten Bastelläden erhältlich.

▶ Farbstifte
Farbstifte und Kreiden eignen sich wunderbar zum Verzieren von Papiermaché. Sie sind leicht anwendbar, in vielen Tönen erhältlich und sie verleihen dem Papiermaché eine rissige Textur.

Emulsionsfarbe

▼ Farben und Pulver
Die meisten Farben eignen sich gut zum Bemalen von Papiermaché, angefangen von Emulsions-, Acryl-, Gouache- und Pulverfarben bis hin zu Bol und Metallpulver.

▶ Bleistifte und Tücher
Verwenden Sie Bleistifte zum Skizzieren von Mustern auf dem Papiermaché. Tücher sind nützlich zum Polieren und um dem nassen Papierbrei Wasser zu entziehen.

Pulverfarbe

Bol

Metallpulver

▼ Pinsel
Kaufen Sie immer den besten Pinsel, den Sie sich leisten können. Sie werden einen Haushaltspinsel, einen Lackierpinsel und einige Künstlerpinsel benötigen.

▶ Formen und Rahmen
Sie können dicken Karton als Basis für Papiermaché verwenden, aus Drahtgitter Rahmen gestalten und aus Ton oder Luftballons Formen herstellen.

verschiedene Pinsel

Auf geht's!

DAS BESTE AM Papiermaché ist, daß Sie sofort beginnen können. Sie benötigen keine komplizierte Ausrüstung, keine teuren Materialien und kein Kunstdiplom. Fehler sind völlig egal; Perfektion ist zwar ein hehres Ziel, aber nicht unbedingt notwendig. Sie können bereits am Anfang eine recht ordentliche und außergewöhnliche Schale hervorbringen. Mit zunehmendem Selbstvertrauen werden Sie sich schwierigeren Formen und aufwendigeren Verzierungen zuwenden. Für den Anfang jedoch nehmen Sie es locker, und fertigen Sie etwas an, das Sie noch heute fertigstellen können. Eine kleine Schmuckschale, um sich mit den verschiedenen Eigenschaften von Papierschichten und -brei vertraut zu machen, oder eine viereckige Vase, die aus einer einfachen Kartonform gemacht wird, eignen sich gut für den Anfang. Ziehen Sie sich also Ihr ältestes Sweatshirt an, vergessen Sie die Bügelwäsche, und machen Sie sich an die Papierarbeit!

Stückchen aus Seidenpapier

MATERIALIEN
2 A1-Blätter Zeichenpapier
Wasser
PVA-Leim
Frischhaltefolie

WERKZEUGE
große Schale
Mixer
Sieb
Tuch

Dekorationsmaterialien siehe S. 15

PAPIERMACHÉ IST vor allem vielseitig. Mit verschiedenen Methoden können Sie auffallend und ausgeflippt oder fein und raffiniert arbeiten. Diese kleine Schale aus verziertem Papierbrei findet sich wohl eher am sphärischen Ende des Spektrums; sie macht sich die feine Transparenz von Seidenpapier zunutze, mit einem Puzzle aus kleinen, überlappenden, mit Gold besprenkelten Stückchen, die den glänzenden Hauch Gold, Bronze und Türkis auch auf der Außenseite erahnen lassen.

Sobald Sie sich mit dem kreativen Potential von Papier erst einmal vertraut gemacht haben, werden sie ungeahnte Möglichkeiten entdecken: Verschiedene Farben und Arten von Seidenpapier und handgefertigtem Papier ergeben zusammen unglaubliche Effekte. Sehr raffiniert wirken mit Gold und Schwarz besprenkelte Beige- und Gelbtöne, wogegen mehrere Schichten von Blau- und Grüntönen dem Stück Tiefe und Glanz verleihen. Sie können auch bedrucktes Seidenpapier zu einer Collage zusammenfügen, das Papier verwenden, in dem die Orangen eingewickelt waren, wie auch Brotpapier oder gekauftes Papier mit extravagantem Rosendruck. Es wird zerrissen und in einer abstrakten Anordnung an der Schale angebracht.

Transparentes Seidenpapier
Die Seidenpapier-Stückchen verleihen dieser Schale die leuchtende Feinheit eines Aquarells. Das ist eine faszinierende Art, die breite Palette an neuem handgefertigten, verschieden gemustertem, farbigen Papier zu erkunden. Das Zusammenspiel von Kunstfertigkeit und Farbe auf der Innen- und Außenseite machen aus dieser Schale ein raffiniertes kleines Kunstwerk.

Nach Gold greifen
Diese beiden schimmernden Goldschüsseln erreichen unterschiedliche Wirkungen: Wenn Sie blenden wollen, greifen sie nach Gold; wollen Sie den Effekt etwas dämpfen, so legen Sie die Schale mit Stückchen schönen Seidenpapiers aus.

Die Schale herstellen

Papierbrei erhält durch die Schichtung eine andere Struktur, seine schlichte Rauheit besitzt Charme. Für eine gleichmäßige Konsistenz des Papierbreis ist etwas Kraft notwendig.

1 *Zerreißen Sie zwei A1-Blätter Zeichenpapier in quadratische Stückchen von etwa 2,5 cm Seitenlänge, und weichen Sie sie über Nacht in Wasser ein. Verarbeiten Sie jeweils eine Handvoll Papier unter Zugabe von reichlich Wasser mit einem Mixer zu Brei. Drücken Sie diesen über einer Schale aus, um den Wasserüberschuß zu entfernen (siehe rechts oben). Er sollte eine schwammige Masse sein.*

2 *Mengen Sie dem gesiebten Papierbrei PVA-Leim bei, etwa 30 g PVA auf 500 g Papierbrei. Das Bindemittel mit den Händen in die Masse einmischen bis es gleichmäßig verteilt ist. Die Mischung sollte sich schwammig und seidig anfühlen.*

3 *Legen Sie die Schale mit Frischhaltefolie aus, und pressen Sie mit den Fingerrücken einige Hände voll Papierbrei auf den Boden, um Falten und Luftbläschen zu entfernen. Den Rest der Schale mit Papierbrei bedecken; mit einem trockenen Tuch (siehe kleines Bild) wird überschüssiges Wasser entfernt, bis er sich hart und feucht anfühlt. Achten Sie darauf, daß die Breischicht überall gleich dick ist.*

4 *Einige Stunden lang an einem warmen Ort trocknen lassen und vorsichtig die Folie von der Form ablösen. Heben Sie langsam die feuchte Papierschüssel heraus, und entfernen Sie die Folie. Sollten Löcher oder Risse auftreten, füllen Sie diese mit feuchtem Papierbrei auf, und streichen Sie sie mit den Fingern glatt. Lassen Sie die Schale ein paar Tage lang vollständig trocknen.*

Die Schale verzieren

Kleine, briefmarkengroße Stückchen farbigen Seidenpapiers zieren das Innere dieser vergoldeten Schale. Diese zarte Verarbeitung ist für ein so feines Werk genau richtig.

Dekoriertes Seidenpapier

MATERIALIEN

irisierende Acrylfarben
glänzende Wachsvergoldung
Seidenpapier
Goldtusche
PVA-Leim
Metallpulver
Wasser

WERKZEUGE

feiner Pinsel
Tuch
Atemschutzmaske

1 *Bedecken Sie das Innere der Schale dünn mit irisierender weißer Acrylfarbe und das Äußere mit einer dünnen bronzefarbenen Schicht. Die Farbe versiegelt alle Oberflächen. Trocknen lassen. Bemalen Sie dann das Äußere in willkürlicher Anordnung mit goldener, bronzener und türkisgrüner Farbe. Lassen Sie die Schale eine Stunde trocknen.*

2 *Tauchen Sie ein trockenes, weiches Tuch in glänzende Wachsvergoldung, und reiben Sie damit vorsichtig die Außenseite der Schale ein. Das ergibt einen weichen Glanz.*

3 *Seidenpapier mit verschiedenen Farben verzieren und trocknen lassen, dann mit Goldtusche besprenkeln. Mit einem in Tusche getauchten Pinsel über dem Papier leicht gegen die Hand schlagen. So entstehen kleine Spritzer. Für größere Kleckse betupfen Sie das Papier mit dem Pinsel. Um größere Flächen zu erzeugen, streichen Sie mehrmals willkürlich über das Papier. Trocknen lassen.*

4 *Seidenpapier in kleine quadratische Stücke von 2,5 cm Seitenlänge reißen. Das Innere der Schale mit einer Mischung aus einem Teil PVA-Leim und einem Teil Wasser bestreichen, bevor Sie überlappende Seidenpapierstückchen ankleben. PVA-Wasser-Mischung auftragen, um die Oberfläche zu versiegeln, weitere Papierstückchen an den Rand der Außenseite kleben und trocknen lassen.*

5 *Bestreichen Sie den Rand der Schale und das Innere der Seidenpapierquadrate an der Außenseite mit PVA-Leim. Stäuben Sie etwas Metallpulver darüber. Es ist ratsam, dabei eine Schutzmaske zu tragen, da Gefahr besteht, den feinen Metallstaub einzuatmen.*

Himmlische Schalen

MATERIALIEN
Zeichenpapier
Wasser
Kaltwasser-reaktive Farbstoffe
Frischhaltefolie
Papierlack (bei Bedarf)

WERKZEUGE
Schale
Mixer
Sieb
drei kleine Schalen
Löffel
Tuch
Lackierpinsel

DIESE KLEINE SCHALE ist außergewöhnlich, denn die kräftigen Farben der Innenseite decken sich genau mit jenen der Außenseite. Was die Papiermaché-Methode angeht, so dürfte es keine Probleme geben, denn es gibt kaum eine einfachere Formel. Das Ergebnis ist mit seinen intensiven Farben und verschwommenen Mustern sehr reizvoll.

Die Arbeit mit Papiermaché gibt uns die Möglichkeit, mit verschiedenen Farben zu arbeiten, kräftigen und zarten, oder mit Pastelltönen, die wir erhalten, wenn wir farbiges Papier verwenden. Sie können auch kleine Stückchen Goldfolie oder Fäden einarbeiten, um Glitzereffekte zu erzielen; eine abschließende Schicht Lack versiegelt die Oberfläche, schützt die fertige Schale und intensiviert die Farben.

Kleine Schalen wie diese sehen in Gruppen sehr hübsch aus, jede mit ein wenig unterschiedlicher Farbe, Muster und Form. Sie eignen sich wunderbar dazu, auf Tischen und Regalen farbige Akzente zu setzen und Ordnung in kleineren Trödelkram zu bringen. Wie allen Papiermaché-Objekten schadet ihnen Nässe. In einem Badezimmer bräuchten diese mehrere Schichten Lack, damit sie sich nicht auflösen.

Sterne und Blumen
Diese hübsche, federleichte Schale aus Zeichenpapierbrei wird mit einem Mixer hergestellt und mit Kaltwasser-reaktiven Farbstoffen reichlich verziert. Diese Methode ist einzigartig, da Muster und Farben direkt eingearbeitet und auf beiden Seiten gleich sind. Das fertige Stück hat eine frische Feinheit, die mit keiner anderen Methode erreicht werden kann.

Tupfen, Sterne und Spiralen
Professionelle Farben erzeugen die intensivste Färbung, wogegen normale Stoffarben eine gedämpftere Wirkung erzielen. Wenn Sie das Färben auslassen und farbiges Papier verwenden, erhalten Sie Pastelltöne.

Die Schale herstellen

Bei dieser lebhaften Schale sind geschickte Finger und Geduld notwendig, damit sich die Farben nicht vermischen und die Muster deutlich erkennbar bleiben.

1 Zerreißen Sie ein A1-Blätter Zeichenpapier in schmale Streifen und dann in quadratische Stückchen von etwa 2,5 cm Seitenlänge, und weichen Sie diese über Nacht in einer Schale Wasser ein. Diese Papiermenge reicht aus, um drei kleine Schalen herzustellen.

2 Nehmen Sie nun jeweils eine Handvoll Papier und verarbeiten Sie es – unter Zugabe von reichlich Wasser – mit einem Mixer zu Brei. Das kann eine Weile dauern, da es ratsam ist, jeweils nur eine Handvoll Papier hinzuzufügen, um den Mixer nicht zu überlasten.Den Papierbrei über einer Schale ausdrücken, um überschüssiges Wasser zu entfernen. Er sollte eine schwammige Masse sein.

3 Verteilen Sie den Papierbrei auf drei Schalen. Rühren Sie gelbe, pinkfarbene und blaue Kaltwasser-reaktive Farbstoffe, entsprechend der Gebrauchsanweisung, an. Mengen Sie jeder Portion Papierbrei ein paar Tropfen Farbe bei, und vermischen Sie sie mit einem Löffel. Nach ein paar Stunden waschen Sie den Papierbrei gründlich aus. (Sie können auch farbiges Papier für die Breiherstellung verwenden. Das Ergebnis fällt allerdings nicht so intensiv aus.)

4 Legen Sie eine Schale mit Frischhaltefolie aus. Sie dient uns als Form. Arrangieren Sie teelöffelgroße Portionen gelben und pinkfarbenen Papierbreis in einem Blumendesign auf dem Schalenboden. Den Papierbrei vorsichtig mit den Fingerspitzen nach unten pressen, um Falten zu ebnen und Luftbläschen zu entfernen.

5 Bauen Sie mit teelöffelgroßen Portionen blauen Papierbreis das Muster an den Seiten weiter auf. Da der Papierbrei klebrig ist, wird er kaum verrutschen und seine Form behalten. Die Form beim Arbeiten drehen, damit Sie das Muster von allen Seiten sehen können. Drücken sie den Papierbrei weiterhin leicht mit den Fingerspitzen oder einem Kaffeelöffel zusammen.

6 Fügen Sie weitere Schichten pinkfarbenen und gelben Papierbreis hinzu. Nehmen Sie ein sauberes, trockenes Tuch, pressen Sie den Papierbrei damit vorsichtig zusammen, um Falten zu beseitigen und überschüssiges Wasser am Boden der Form zu entfernen. Drücken Sie nicht zu fest, sonst könnte sich der Papierbrei von der Form lösen. Reparieren Sie etwaige Spalten in der Breischicht. Sollte ein Klecks auf andersfarbigen Papierbrei fallen, entfernen Sie ihn und füllen Sie das Loch mit der richtigen Farbe auf.

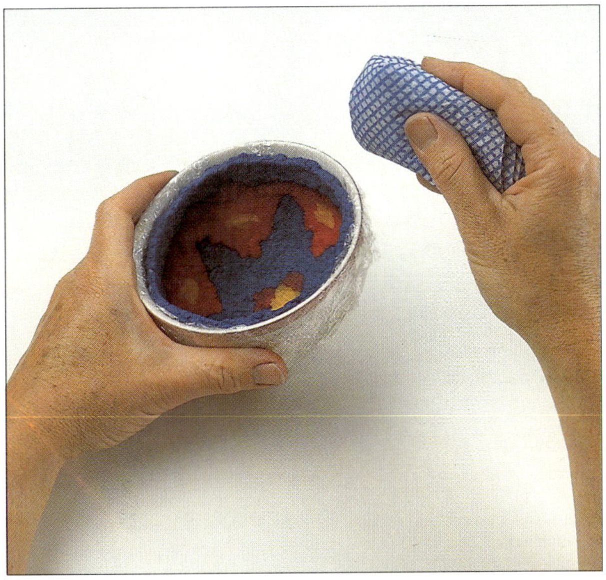

7 Fügen Sie gemäß dem vorgegebenen Muster weiterhin Papierbrei hinzu bis sie an den Schalenrand gelangen. Nehmen Sie jetzt ein anderes trockenes Tuch, und drücken Sie den Papierbrei entlang der ganzen Form so fest Sie können zusammen, bis er sich hart und nicht mehr naß anfühlt.

8 Lassen Sie die Schale ein paar Stunden lang an einem warmen Ort, etwa einem sonnigen Fensterbrett, trocknen. Dann lösen Sie vorsichtig die Folie von der Form ab und heben die Papierschüssel langsam heraus.

9 Entfernen Sie die Folie von der Außenseite der Schale, und lassen Sie sie ein paar Tage lang vollständig trocknen. Wenn Sie möchten, können Sie noch Papierlack auftragen, um die Farben zu verstärken.

Ein Meer von Fischen

MATERIALIEN
Zeitungspapier
Vaseline
PVA-Leim
Wasser
Spülmittel
Modellierton
Seidenpapier
weiße Emulsionsfarbe

WERKZEUGE
Geschirr, das als Form dient
Tuch
Schere
Kuchengitter
Skalpell
kleines Messer
Pinsel

Dekorationsmaterialien siehe S. 23

DIE ATEMBERAUBENDE Farbintensität dieser Platte ist Resultat der opaken Gouache-Farben. Gouache eignet sich sehr gut für genaue Details und scharfe Konturen. Diese Platte ist nach der klassischen Methode aus vielen Lagen Papier aufgebaut. Ihre robuste Stabilität wird durch dreidimensionale Muschelapplikationen aufgelockert. Wenn Sie sich für Astrologie interessieren, zaubern Sie einen Sternenhimmel auf die Platte. Es gibt auch noch viele andere einfache und dekorative Motive, die dieser ansonsten eher schlichten Platte Pfiff verleihen.

Geschichtetes Papiermaché ist für seine Leichtigkeit und Stabilität bekannt. Sind Ihnen erst einmal große ovale und runde Platten und Teller gelungen, wagen Sie sich an einen Versuch mit einem schon vorhandenen Plastiktablett. Im Viktorianischen England beherrschte man die Kunst des Papiermaché perfekt und stellte reich verzierte „Dienstmädchentabletts" her, die mit zart gemalten oder aufgeklebten Blumen, Lackschichten oder glitzernden Seeohrmuschelstückchen geschmückt waren. Experimentieren Sie, und lassen Sie Ihrer Phantasie freien Lauf!

Hauptsache auffällig
Ein Blick in die berauschende Unterwasserwelt mit schillernden Regenbogenfischen und glitzernden Muscheln auf einem violetten und weinroten, mit Gold besprenkelten Hintergrund. Die opaken Gouache-Farben ermöglichen es, auch kleine Details, wie Kiemen oder Flossen, genau herauszuarbeiten.

Einfach umwerfend
Dezenten Geschmack kann jeder zeigen; aber Kitsch zu produzieren, ist eine weit größere Herausforderung. Diese auffällig glitzernde Schale ist eine Übung in schamloser Kreativität. Die Oberfläche ist reichlich und mit viel Liebe und Geschick verziert.

Die Platte herstellen

Eine einfache Form, die mit dreidimensionalen Papierverzierungen auf Tonformen belebt wird. Verwenden Sie echte Muscheln, wenn Ihnen das Modellieren nicht liegt.

1 *Reißen Sie Zeitungspapier in Streifen von ca. 5 cm Länge. Bestreichen Sie die Platte reichlich mit Vaseline. Kleben Sie die Papierstreifen mit verdünntem PVA-Leim (3 Teile PVA auf 1 Teil Wasser) dachziegelartig auf die Platte. Wiederholen Sie den Vorgang, und bringen Sie insgesamt etwa 15 Schichten an. Die Platte 48 Stunden lang trocknen lassen.*

2 *Lösen Sie die Papierplatte an den Rändern beginnend vorsichtig und langsam von der Form ab. Reinigen Sie die Unterseite mit einem weichen Tuch und Spülmittel, um die Vaselinenreste zu entfernen. Bessern Sie den Plattenrand mit einer Schere entlang der vorgegebenen Linie auf der Unterseite aus.*

3 *Formen Sie drei Muscheln aus Ton, jede ungefähr 5 cm lang und 2,5 cm breit oder der Breite des Randes angepaßt. Bestreichen Sie jede Muschel jeweils auf einer Seite mit Vaseline, und kleben Sie mit verdünntem PVA-Leim mehrere Lagen Seidenpapier darüber. Trocknen lassen. Wiederholen Sie diesen Vorgang ca. 30mal.*

4 *Nachdem die Muscheln 48 Stunden auf einem sauberen Kuchengitter trocknen konnten, schneiden Sie sie mit einem Skalpell in der Mitte entzwei. Entfernen Sie den Ton mit einem kleinen Messer; wenn Sie zuvor genügend Vaseline verwendet haben, sollte er sich leicht ablösen. Etwaige Tonreste abkratzen, so daß die Papiermuscheln völlig sauber sind.*

5 *Kleben Sie die Papiermuschelhälften mit verdünntem PVA-Leim auf den Rand der Papierplatte. Halten Sie die Muscheln ein paar Minuten fest, bis der Klebstoff angetrocknet ist. Danach drei Lagen Seidenpapier über die Muscheln kleben und über Nacht trocknen lassen.*

6 *Streichen Sie eine Schicht weiße Emulsionsfarbe über die ganze Platte und lassen Sie sie trocknen. So erhalten Sie eine glatte Oberfläche zum Verzieren.*

Die Platte verzieren

Eine dicke Schicht Emulsionsfarbe – das Gesso des armen Mannes – deckt kleine Unebenheiten ab und ergibt eine angenehme Oberfläche, auf die Sie präzise Gouache-Fische der unterschiedlichsten Art zaubern können. Anregungen für Fisch-, Vogel- oder Schmetterlingsmotive können Sie sich aus Biologielexika holen.

MATERIALIEN
Gouache-Farben
Spritzlack
glänzende Innenholzfirnis

WERKZEUGE
Künstlerpinsel
Bleistift
Pauspapier

Malen Sie mit den Gouache-Farben Fische auf die Platte. Besitzen Sie nicht genug Vertrauen in Ihre Zeichenkünste, dann fotokopieren Sie aus einem Buch geeignete Bilder auf die gewünschte Größe und pausen Sie sie mit einem Pauspapier auf die Platte. Um das Meer darzustellen, bemalen Sie den Hintergrund blau. Malen Sie die Fische in verschiedenen Farben aus. Der Rand bekommt eine Kontrastfarbe. Zum Abschluß bemalen Sie die Muscheln. Trocknen lassen und die Farben mit einer Schicht Spritzlack fixieren. Abschließend die Platte zweimal mit glänzendem Innenholzfirnis bestreichen, damit sie eine kratzfeste, glänzende Oberfläche bekommt. Dazwischen trocknen lassen.

Dreispitz-Vase

MATERIALIEN
dünner Karton
Aufziehkarton
Abdeckband
Tapetenkleister
Zeitungen
gebrauchsfertige Füllmasse

WERKZEUGE
Bleistift
Pauspapier
Schneideunterlage
Metallineal
Skalpell oder Stanley-Messer
Teelöffel

Dekorations-materialien siehe S. 27

SCHARFE, ELEGANTE, GERADE Linien geben dieser Vase das Flair einer Skulptur. Nichts erinnert an duftende Blumen; wollte man etwas Blumenähnliches hineintun, so würden sich stachelige getrocknete Mannstreu-Köpfe oder nackte Zweige, die als unsentimentaler Weihnachtsschmuck mit einer kleinen Lichterkette geschmückt sind, anbieten.

Ein Vorteil glatter Oberflächen ist, daß sie sich ideal für Collagen eignen. Fotokopierte Partituren zum Beispiel, die in Tee eingetaucht ein vergilbtes Aussehen erhalten, haben das richtige graphische Flair.

Der Schöpfer dieser Vase hat mit Hilfe der Geometrie auch eine attraktive Kaminverkleidung mit Sims und ein dreibeiniges vergoldetes Tischchen realisiert. Beide sind voll theatralischen Schwungs, und obwohl erstere wahrscheinlich feuergefährlich und letzteres vielleicht nicht sehr stabil ist, zeigen beide doch, wie weit man mit Papier und Klebstoff gehen kann.

Grünspanvase
Eine geometrische Kartongrundlage verleiht dieser Vase eine starke, maskuline Erscheinung, was bei Papiermaché untypisch ist. Mit ihrer Bronze-Grünspan-Oberfläche würde sie vor allem in einer modernen, kühlen, spärlich eingerichteten Wohnung gut wirken.

Graphischer Charme
Die glatten Oberflächen dieser einfachen Form sind ideal für graphische Schwarz-Weiß-Collagen mit fotokopierten Bildern und Texten. Auch mit Schwarz und Silber können Sie tolle Effekte erzielen.

Die Vase herstellen

Bei diesem geometrischen Ansatz zeigen die sorgfältig zugeschnittenen Kartonstücke, im Gegensatz zum eher unpräzisen Papiermaché, eine klare Form.

1 *Vergrößern Sie die Schablone auf Seite 92 auf die gewünschte Größe, zeichnen Sie sie auf dünnen Karton, und schneiden Sie sie aus. Übertragen Sie die Form dreimal auf Aufziehkarton. Zwischen den Längsseiten ist nur eine Stiftlinie sichtbar.*

2 *Legen Sie den Aufziehkarton auf eine Schneideunterlage, verwenden Sie ein Metallineal, und schneiden Sie die Form mit einem Skalpell oder einem scharfen Stanley-Messer vorsichtig aus.*

3 *Zeichnen Sie die Linie am unteren Ende des Vasenhalses ein, und ritzen Sie sie mit Hilfe eines Lineals und eines Skalpells ein wenig ein, damit sie sich leichter falten läßt und eine scharfe Kante ergibt. An den Seitenkanten der Vase ebenso verfahren.*

4 *Drehen Sie den Karton um, und ritzen Sie auch hier die Linie an der schmalsten Stelle des Vasenhalses ein. Wir empfehlen einen Aufziehkarton mit einer dunklen Rückseite, da ein dunkles Inneres der Vase ein vollendeteres Aussehen gibt.*

5 *Fixieren Sie die Kanten der zu einer dreieckigen Form gefalteten Vase mit einem Abdeckband. Kleben Sie den ebenfalls gefalteten Hals zusammen. Arbeiten Sie möglichst genau.*

6 *Setzen Sie die Vase auf den Karton, und schneiden Sie entlang der Kanten einen Boden heraus. Kleben Sie diesen an.*

7 *Kleben Sie mit Tapetenkleister Zeitungs- oder Packpapierstreifen von 15 x 7,5 cm über die ganze Vase. Trocknen lassen und eine weitere Schicht anbringen. Über Nacht trocknen lassen. Es ist ratsam, keine kleineren Streifen zu verwenden, da sie die Kartonform aufweichen und verformen können und auch mehr Falten auf der fertigen Vase aufwerfen.*

8 *Mischen Sie entsprechend der Gebrauchsanweisung eine kleine Menge gebrauchsfertige Füllmasse, und füllen Sie zwei Teelöffel davon in die Vase. Dadurch erhält der Boden mehr Gewicht, und die Vase steht aufrecht. Achten Sie darauf, daß die Füllmasse auf den Boden fällt. Sollte sie an den Wänden kleben bleiben, schütteln Sie die Vase so lange, bis sie zu Boden fällt.*

Die Vase verzieren

Mit getönter Emulsionsfarbe kann man außergewöhnliche Farben erzielen. Die Vergoldung betont die Kanten der Papierstreifen, die Schuhcreme und das Bronzepulver dämpfen die türkisgrüne und goldene Farbe.

Bronzepulver

Schuhcreme

MATERIALIEN

Weiße Emulsionsfarbe
türkisgrüne Acrylfarbe
Schuhcreme
Bronzepulver
Haarspray

WERKZEUGE

Haushaltspinsel
Tuch

1 *Bemalen Sie die Papiervase mit einer Schicht weißer Emulsionsfarbe. Trocknen lassen und mit einer Schicht türkisgrüner Acrylfarbe, die mit weißer Emulsionsfarbe vermischt wird, übermalen. Hier wurde 1 Teil Acryl- mit 2 Teilen Emulsionsfarbe verwendet. Die Vase gründlich trocknen lassen.*

2 *Tauchen Sie ein weiches Tuch zuerst in Schuhcreme und dann in Bronzepulver. Wischen Sie diese Mischung leicht und schnell über die Vase. Dadurch entsteht ein zufällig wirkendes Bronzemuster auf der Vase, bei dem die grüne Farbe noch durchschimmert. Fixieren Sie das Bronzepulver mit Haarspray.*

Schillernde Schale

MATERIALIEN
Karton
Luftballon
Schnur
Zeitungspapier
PVA-Leim
Wasser
Sägemehl
Kalktünche
Leinöl
Tapetenkleister
Weiße Emulsionsfarbe, Kaseinfarbe oder Gesso

WERKZEUGE
Teller oder Zirkel
Schere
Stanley-Messer
Blumentopf
Haushaltspinsel
Schale

Dekorationsmaterialien siehe S. 31

JEDER MAG Schalen. Ihre Form hat etwas rundum Angenehmes an sich, und man kann sie mit Hilfe anderer Schalen, Ballons und sogar Fußbällen formen. Die Grundform kann variiert werden, von rund über eiförmig bis hin zu zylindrisch, die Schale kann eine glatte Kante oder einen breiten, gewellten Rand erhalten. Sie läßt sich mit Streifenmustern, Silberpapier, Silberknöpfen, Perlen oder anderen Kleinigkeiten verzieren, sich auf drei kugelförmige Füße stellen oder einen festen Boden aus einem Kartonstreifen geben.

Nach alledem dürfen Sie sich an die Verzierung der Schale machen. Mit Gesso verleihen Sie ihr eine glasglatte Struktur; wenn Sie rustikale Formen bevorzugen, verwenden Sie Sägemehl. Sie können matte Farben auftragen oder verschiedene Schichten transparenter oder perlmuttglänzender Farben, um einen lebhaften, glitzernden Effekt zu erzielen. Es läßt sich eigentlich alles mit dieser Schale machen, was Ihnen einfällt.

Metallischer Glanz
Schwarze Tusche verleiht dem Inneren dieser schillernden Schale einen dunklen, zinnartigen Glanz; kleine Stückchen Blattmetall sind am Schalenrand verteilt, und die matte, dunkle türkisgrüne Farbe bringt die Außenseite dieser eigenwilligen und attraktiven Schale voll zum Ausdruck.

Eine Schale voller Kontraste
Zerbrechlich wie eine Pfingstrose und zäh wie Leder; die zart vergoldete Außenseite dieser Schale steht im lebhaften Kontrast zur kräftigen orangeroten Farbe im Inneren.

Die Schale herstellen

Der mit Sägemehl verdickte Papierbrei erzielt bei der einfach herzustellenden Schale mit Fuß einen natürlichen Effekt. Ein gewellter Rand verstärkt diesen.

1 Nehmen Sie einen Teller oder einen Zirkel, und zeichnen Sie einen Ring mit dem Durchmesser der Schüsselaußenkante auf ein Stück Karton. Mit einem Stanley-Messer ein Kreuz in die Mitte machen und den inneren Teil mit der Schere ausschneiden (kleines Bild). Blasen Sie im Ring einen Ballon auf, und verschließen Sie ihn. Den Ballon auf einen tönernen Blumentopf setzen und mit einer Schnur befestigen, die Sie durch das Loch des Topfes ziehen.

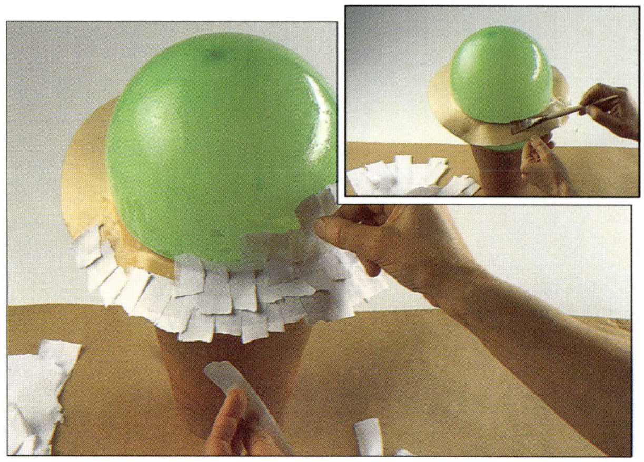

2 Nachdem Sie das Zeitungspapier in kleine Stückchen gerissen haben, streichen Sie Ballon und Rand mit PVA-Leim ein (kleines Bild). Kleben Sie eine Reihe Papierstückchen entlang eines Drittels der äußeren Kante des Randes an, und arbeiten Sie zur Oberseite hin weiter, wobei Sie das Papier dachziegelartig aufeinanderlegen. Wiederholen Sie den Vorgang, bis der Ballon komplett bedeckt ist.

3 Bestreichen Sie Ballon und Rand von oben nach unten mit einer dicken Schicht PVA, um Luftbläschen zu beseitigen. Fügen Sie zwei bis drei weitere Papierlagen hinzu. Trocknen Sie die Schale an der Schnur an einem warmen Platz, wobei sich der Rand wellt. Über einem warmen Herd sollte sie in etwa einer Stunde trocken sein. Den Ballon zum Platzen bringen und entfernen.

4 Zerreißen Sie vier Doppelseiten Zeitungspapier, und verarbeiten Sie sie zu Brei (siehe S. 18, Punkt 1 und 2). Fügen Sie die gleiche Menge Sägemehl, ½ Teil Kalktünche, 3 Tassen PVA-Leim und 2 Teelöffel Leinöl bei. Darüber gestreuter Tapetenkleister nimmt überschüssige Feuchtigkeit auf. Den Papierbrei gleichmäßig in der Schale und am Rand verteilen. Mit nassen Fingern gut glattstreichen.

5 *Die Schale im lauwarmen Backofen trocknen. Aus einem schmalen Kartonstreifen einen Ring formen, dessen Enden mit Abdeckband zusammenkleben und auf dem Schalenboden mit Papierbrei füllen. Danach glätten Sie ihn.*

6 *Nach dem Trocknen schneiden Sie vorstehendes Papier am Rand mit einer Schere ab, und malen Sie die Schale komplett mit weißer Emulsionsfarbe, Kaseinfarbe oder Gesso aus.*

Die Schale verzieren

Perlmuttacryltusche erzeugt einen leuchtenden Effekt, der mit unechtem Blattgold noch verstärkt wird.

unechtes Blattgold

MATERIALIEN

blasse, türkisgrüne Perlmutt-acryltusche

dunkle, türkisgrüne, transparente Acryltusche

verdünnte schwarze Tusche

Polyurethanlack

unechtes Blattgold

Bienenwachs

WERKZEUGE

Künstlerpinsel

Küchenkrepp

Tuch

1 *Bemalen Sie das Schaleninnere und den Rand mit blasser, türkisgrüner Perlmutt-tusche, die Außenseite nach dem Trocknen mit dunkler, türkisgrüner Farbe.*

2 *Reiben Sie die Innenseite mit verdünnter schwarzer Tusche ein. Mit einem zerknüllten Stück Küchenkrepp erzielen Sie einen unruhigen Effekt.*

3 *Bestreichen Sie den Rand mit Lack, und verzieren Sie ihn, sobald er sich trocken anfühlt, mit kleinen, zerrissenen Stücken unechten Blattgoldes. Mit dem Daumen oder mit einem zerknüllten Stück Küchen-krepp feststreichen. Schließ-lich polieren Sie die Schale noch mit einem, in Bienen-wachs getauchten Tuch, um eine Schutzschicht zu erhalten.*

Große Gefäße

MATERIALIEN
Zeitungspapier
Wasser
PVA-Leim
Tapetenkleister
Leinöl
Vaseline
Abdeckband
weiße Emulsionsfarbe
Acryl- und Metallfarben
Buntstifte
Fixiermittel
seidenmatter Spitzlack

WERKZEUGE
große Schale
Mixer
Sieb
großes Gefäß als Form
Stanley-Messer
Haushaltspinsel
Künstlerpinsel

PAPIERMACHÉ HAT viele Tugenden: Es ist leicht, billig, beständig und vielseitig. Man kann damit alles machen, winzige Perlen etwa, oder riesige Behälter. Wenn einmal etwas zusammenfällt, so können Sie das mißlungene Werk einfach wegwerfen und guten Gewissens von vorne beginnen. Scheuen Sie sich also nicht davor, auch größere Objekte in Angriff zu nehmen, etwa diese schöne Vase. Sie benötigen für Ihr Kunstwerk lediglich eine Form. Diesem Gefäß dient eine Bodenvase als Form; die Papier- und Breischichten werden vorsichtig in zwei Hälften geschnitten und dann wieder zusammengeklebt. Mit dieser Methode lassen sich auch kompliziertere Formen herstellen. Benutzen Sie einfach die Vasen, Flaschen, Lampen und Kerzenständer, die bei Ihnen zu Hause herumstehen, als Formen. Enge Hälse sind kein Problem. Wenn Sie besonders kreativ sind, können Sie sich ja an einer Lampenbasis versuchen (getrocknete Bohnen geben ihr am Boden Stabilität) und dann einen passenden Lampenschirm dazukaufen.

Ein buntes Trio
Egal, ob für Schirme und Spazierstöcke oder auch ganz einfach für unechte Sonnenblumen, diese hübschen Gefäße mit ihren leuchtenden Farben passen als Variationen zu einem Thema sehr gut zusammen. Achten Sie darauf, daß die Böden genug Gewicht aufweisen und gründlich abgedichtet sind, wenn sie mit Wasser in Berührung kommen können.

1 *Stellen Sie Papierbrei (siehe S. 13) aus 12 Blättern Zeitungspapier, 8 Eßlöffeln PVA-Leim und je zwei Teelöffeln Tapetenkleister und Leinöl her. Bedecken Sie die Form mit Vaseline und mit Zeitungspapier. Nach dem Trocknen etwa 1 cm dick Papierbrei auftragen. Nach einer Woche mit dem Boden gleich verfahren.*

2 *Schneiden Sie die Form mit einem Stanley-Messer entlang der Vasenlänge durch. Entfernen Sie vorsichtig eine Hälfte. Ein Spachtel könnte hier ganz nützlich sein. Verzweifeln Sie nicht, wenn Breistückchen herausbrechen, sondern kleben Sie sie einfach mit PVA-Leim wieder an.*

3 *Verbinden Sie beide Hälften mit PVA-Leim. Fixieren Sie die Verbindung mit Abdeckband. Bedecken Sie das Gefäß mit zwei Lagen in verdünnten PVA-Leim getauchtem Zeitungspapier. Trocknen, mit weißer Emulsionsfarbe bemalen und verzieren (siehe S. 51). Trocknen, fixieren und lackieren.*

Ideen zum Ausprobieren

Auf den folgenden Seiten finden Sie mehrere verschiedene Arten, Formen und Stile von Papiermaché-Schalen, die angehenden Künstlern als Inspirationshilfe dienen sollen. Mit Ihren bisher erworbenen Grundkenntnissen lassen sich einige dieser Ideen ausprobieren; Sie können die Modelliermethode einer Schale auch mit der raffinierten Verwendung von Perlen kombinieren und so etwas schaffen, das unverkennbar Ihr Werk ist.

▶ **Ihr kleiner Privatzoo**
Diese Stücke aus Papierbrei, bei denen wir Schalen als Formen verwendeten, sind dem Thema Tiere und Vögel gewidmet. Einfache Formen werden wiederholt und mit Acrylfarben und Buntstiften auf einer Emulsionsbasis verziert. Die Ränder werden mit Gold betont.

▼ **Zackige Ränder**
Hier wurden zackige Kartonränder mit geklebtem Papier an einer Schale befestigt. Die Schalen wurden mit einer Mischung aus weißer Emulsionsfarbe und PVA-Leim bestrichen, mit blauer und orangeroter Acrylfarbe bemalt und mit zerrissenem Papier verziert.

▼ Die Sonnenblumen-Schale
Hier wurden Papierschichten über eine Form gelegt und unregelmäßige Blütenblätter aus Karton angeklebt. Die Schale wurde mit Acrylfarben bemalt und mit gerissenen runden Papierstückchen und Tusche verziert, um Sonnenblumenkerne zu imitieren.

▲ Seestern-Teller
Die Seestern-Formen sind goldfarben bemalt. Der Teller wird mit zerrissenem Papier dekoriert, grün bemalt und mit Gold gesprenkelt.

► **Patchwork-Schalen**
Diese Schalen im Eingeborenenstil sind mit Hilfe einer Kartonform aus Papierbrei hergestellt. Der Fuß besteht aus drei murmelgroßen Kugeln, die mit Klebstoff befestigt wurden. Die Schalen sind mit Gouache- und Wasserfarben bemalt und entlang des Randes mit Blattgold verziert. Die Spirale wurde mit Bonbonpapier dekoriert.

◄ **Vergoldete Schalen**
Die unregelmäßigen Kanten dieser Schalen entstehen, wenn man feuchten Papierbrei am Rand zerklüftet läßt. Die Schalen wurden innen und außen mit irisierenden Acrylfarben bemalt und die Ränder mit Blattgold verziert. Abschließend wurden sie mit Blattgold dekoriert.

▲ Eine afrikanische Inspiration
Diese Schale, die ihre Farbe allein von dem Zeitungs- und Zuckerpapier erhält, aus dem sie gemacht ist, wurde in Gipsformen gepreßt, um ein ethnisches Muster zu erzeugen. Die groben Holzperlen am Rand, die mit Perlschnur befestigt wurden (durch Löcher, die wir zuvor in das Papiermaché gebohrt haben), geben Ihrem eigenen Stammeskunstwerk seinen letzten Schliff.

Formen, Modellieren und Gerüste

Nun, da Sie mit den Grundlagen vertraut sind und schon eine beachtliche Sammlung an Schalen herstellen konnten, wollen Sie sich vielleicht an etwas Schwierigeres heranwagen. Papiermaché ist ein vielseitiges Material, mit dem man auf einem Drahtgittergerüst dreidimensionale Skulpturen gestalten kann; es läßt sich auf eine Kartonform schichten und erlangt so Stabilität und Struktur. Sie können es auf Metall, Keramik, Plastik oder Gips auftragen oder wie Ton modellieren und so ihre eigenen barocken Formen schaffen. Sobald Sie das plastische Potential ergründet haben, können Sie mit ein wenig Drahtgitter oder einem Stück Karton die dritte Dimension erobern.

Uhren, die anders gehen

MATERIALIEN
Doppelwellpappe
PVA-Leim
Tapetenkleister
Papier

WERKZEUGE
Zirkel
Bleistift
Schere
Stanley-Messer
Schneideunterlage
Farbpinsel

Dekorations-materialien siehe S. 43

Die Zeiten haben sich geändert, seit uns Großvaters alte Pendeluhr die Stunden geschlagen hat. Uhrwerke sind leicht erhältlich und spottbillig, so daß Sie für jedes Zimmer eine eigene Uhr entwerfen oder ein besonderes Geschenk für einen Hochzeitstag oder einen runden Geburtstag zaubern können.

Ihre Uhr nimmt die Form an, die Sie ihr geben. Vielleicht eine bombastische Uhr für Ihr Wohnzimmer, mit Säulen oder einer quadratischen, marmorierten Oberfläche mit diskretem Goldschimmer. Für Morgenmuffel wäre eine Schlafzimmeruhr mit kopierten und angeklebten Engelchen sicherlich genau das Richtige.

Die Ziffern müssen nicht unbedingt ausgeschrieben sein. Auch bei Zeigern sind viele Formen möglich, etwa Karotten bei einer Küchenuhr mit Radieschen als Ziffern. Die Stunden lassen sich von Muscheln, Pailletten oder Herbstblättern ebenso anzeigen wie von kopierten oder aus Zeitungen herausgerissenen Ziffern.

Eine Uhr wie eine Fensterrosette
Kräftige, leuchtende Farben, die strahlen wie auf einem Glasfenster, schmücken dieses Ziffernblatt, das seine bescheidene Herkunft geschickt verbirgt. Indigo, Lila, Magenta, Himmelblau und Tannengrün werden hier nicht aus kühler Überlegung, sondern aus Lust und Laune gewählt. Zickzacklinien, Punkte, Sterne – Papiermaché ist wie eine weiße Leinwand, auf der Sie nach Lust und Laune experimentieren können.

Ein neues Antlitz
Jede glatte Fläche kann als Uhr dienen. Stellen Sie die Uhr auf kleine Füße und verwenden Sie zum Dekorieren klassische Gravuren oder Geschenkpapier, wenn Ihre eigenen Fertigkeiten versagen.

Die Uhr herstellen

Eine raffinierte Art, alte Pappkartons extravagant wiederzuverwerten. Sie können präzise schneiden, aber ebenso Größe und Form je nach Bedarf ändern.

1 *Zeichnen Sie mit dem Zirkel vier Kreise von etwa 15 cm Durchmesser auf ein Stück Doppelwellpappe. Bei drei dieser vier Kreise einen weiteren Kreis von etwa 10 cm Durchmesser in die Mitte zeichnen.*

2 *Schneiden Sie alle vier Kreise aus, bei dreien auch die inneren Kreise. Verwenden Sie dabei eine Schere für die äußere Kante und ein Stanley-Messer für die innere. Schützen Sie Ihre Arbeitsfläche mit einer Schneideunterlage.*

3 *Kleben Sie nun die vier Kreise mit PVA-Leim in folgender Reihenfolge zusammen: zwei Ringe, ein ganzer Kreis und ein weiterer Ring. Beschweren Sie alles mit einem schweren Gewicht, und lassen Sie es etwa zwei Stunden lang trocknen.*

4 *Rühren Sie den Tapetenkleister entsprechend der Gebrauchsanweisung an. Zerreißen Sie Papier in Streifen von etwa 5 cm Länge und 2,5 cm Breite. Tauchen Sie die Streifen einzeln in den Kleister, kleben Sie sie auf die „Uhr", und streichen Sie sie mit den Fingern glatt. Lassen Sie dabei die Streifen überlappen. Zwei Schichten auf jeder Seite anbringen und einen Tag lang trocknen lassen.*

Die Uhr verzieren

Buntes Papier gibt es in allen Farben des Regenbogens und auch in außergewöhnlichen Texturen. All das können Sie nutzen und lebhafte Punkte und Schnörkel aufkleben.

mittelstarkes Papier in vielen Farben

MATERIALIEN

PVA-Leim
mittelstarkes Papier in verschiedenen Farben
glänzender Lack auf Wasserbasis
Uhrwerk und Zeiger
Schnellepoxidharz

WERKZEUGE

dünnes Holzstäbchen
Bohrer

1 *Bekleben Sie die Uhr komplett auf der Vorder- und Hinterseite mit kleinen, überlappenden Streifen Farbpapier. Verwenden Sie dabei verdünnten PVA-Leim (2 Teile PVA und 1 Teil Wasser).*

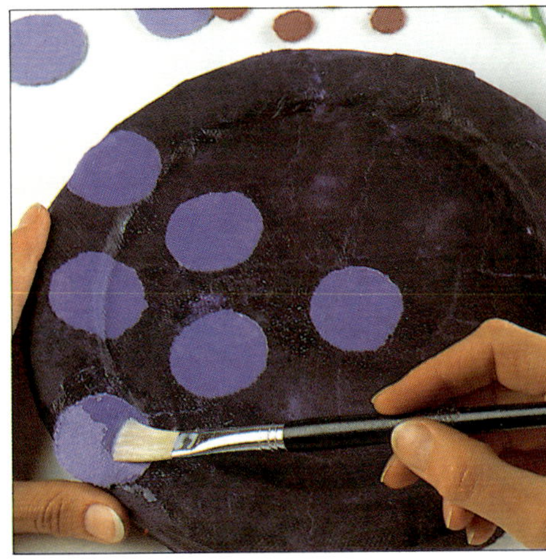

2 *Schneiden Sie Tupfen aus dem Farbpapier aus, und bekleben Sie damit unregelmäßig die Vorderseite der Uhr. Sie müssen damit nicht warten, bis die Unterlage trocken ist.*

3 *Bekleben Sie gemäß Ihrer Mustervorlage die Uhr mit verschiedenfarbigem Buntpapier. Schmale Papierstreifen können Sie mit Holzstäbchen fixieren. Hier wurden kleine Kreise und Dreiecke mit Wellenlinien und Tupfen verziert. Die Uhr über Nacht trocknen lassen, und dann die Oberfläche mit glänzendem Lack auf Wasserbasis versiegeln.*

4 *Drehen Sie die Uhr so, daß die Vorderseite nach unten zeigt. Bohren Sie in der Mitte ein Loch, das groß genug für den Schaft des Uhrwerkes ist. Bestreichen Sie Uhrwerk und die Unterseite der Uhr mit Schnellepoxidharz, und befestigen Sie das Uhrwerk.*

5 *Bestreichen Sie die Zeiger der Uhr mit PVA-Leim, und legen Sie sie auf Buntpapier. Reißen Sie das Papier entlang der Zeiger ab, biegen Sie die vorstehenden Kanten nach hinten, und befestigen Sie sie mit PVA-Leim. Stecken Sie die Zeiger auf den Schaft, und schrauben Sie das Verschlußstück an.*

Betuchte Spiegel

MATERIALIEN
Plastikfolie
Spiegel
Drahtgitter
Bildaufhänger
Zeitungspapier
Tapetenkleister
weißes Kopierpapier

WERKZEUGE
Drahtschere
Lineal

Dekorations-
materialen
siehe S. 47

EIN EINDRUCKSVOLLES Beispiel für das schier unglaubliche Potential von Drahtgitter und Zeitungspapier ist dieser Trompe-l'oeil. In ihm zeigt sich – von Ihrem Gesicht einmal abgesehen – ein tiefer Sinn für Humor. Dieser Rahmen läßt Sie sogar an einem grauen Montagmorgen strahlen.

Wenn Sie für die Dekoration Fotokopien verwenden, stehen Ihnen unbegrenzte Möglichkeiten offen: von Seiten aus Leonardo da Vincis Tagebuch über das klassische Lilienemblem oder andere botanische Motive aus Mustersammlungen. Mit Vergrößerungen und Verkleinerungen, oder mit mehr oder weniger Helligkeit können Sie zusätzlich interessante Akzente setzen. Haben Sie Zugang zu einem Farbkopierer, so steht Ihnen die visuelle Welt offen. Sie können selbst eine Collage aus altem Geschenkpapier gestalten oder Valentinskarten, Postkarten, Schleifen, getrocknete Blumen und Blätter verwenden. Oder aber Sie entwerfen selbst ein Muster im Stil klassischer Stickerei. Überall lauern Ideen, Sie müssen nur die Augen öffnen!

Fast wie edle Tücher
Eine wunderbare Täuschung: „Tücher" aus Drahtgitter und Zeitungspapier fallen wie ein edler mittelalterlicher Samtvorhang. Ein Effekt, der durch kräftige Farben, lebhafte Muster und matten Lack noch betont wird.

Unterschiedliche Materialien
Bronze, Gold, Naturbraun und Zinnober – warme, kräftige Farben für einen mit Kerzenlicht beleuchteten Spiegel aus Drahtgitter.

Den Rahmen herstellen

Mit einem Gerüst aus Draht können Sie alle nur erdenklichen Formen kreieren. Da das Material sehr leicht und billig ist, stellt auch die Größe kein Problem dar.

1 *Kleben Sie ein Stück Plastikfolie über den Spiegel, um ihn zu schützen. Schneiden Sie ein Stück Drahtgitter zu, das größer als der Spiegel ist. Der abgebildete Spiegel ist 38 x 25 cm groß, das Gitterstück 45 x 90 cm. Den Spiegel auf das Gitter legen, so daß er 33 cm von der unteren Kante entfernt ist. Falten Sie die untere Kante des Gitters 1 cm über die Spiegelkante, und biegen Sie dieses wieder zu sich zurück, um die Spiegelkante zu sichern. Das Gitter so falten, daß es den Sims des Spiegels bildet.*

2 *Schneiden Sie das Drahtgitter an der oberen und unteren Spiegelkante mit einer Drahtschere etwas ein. Falten Sie das Gitter auf beiden Seiten 1 cm über den Spiegel, um ihn zu fixieren, und biegen Sie den Draht anschließend zurück. Verfahren Sie auf der Oberseite des Spiegels ebenso. Die Gitterenden auf der Hinterseite zusammenbiegen und glattstreichen.*

3 *Schneiden Sie ein weiteres Stück Drahtgitter von 130 x 45 cm für das drapierte Tuch zu, und formen Sie entlang seiner gesamten Länge grobe Falten (siehe kleines Bild). Legen Sie die Draperie um den Spiegel, und zupfen Sie sie in Form. Sobald Sie mit der Position zufrieden sind, fixieren Sie das Gitter, indem Sie einzelne Drahtstücke aufschneiden und um das Grundgitter biegen.*

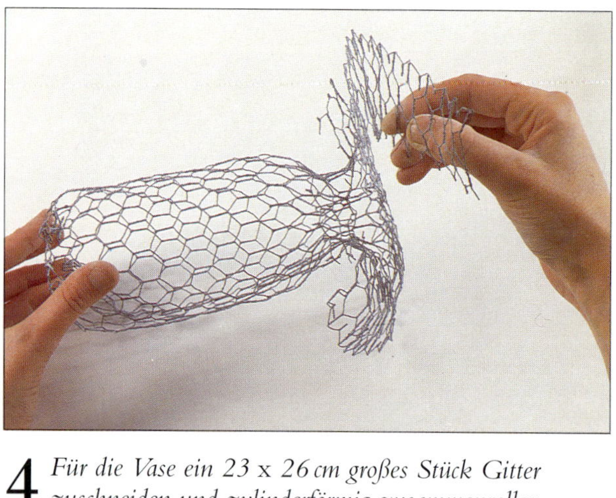

4 *Für die Vase ein 23 x 26 cm großes Stück Gitter zuschneiden und zylinderförmig zusammenrollen. Drücken Sie die untere Gitterkante des Vasenbodens zusammen, und biegen Sie die oberen Enden für den Vasenhals leicht zurück. Ein weiteres, 45 x 5 cm großes Stück Draht für den Rand befestigen Sie an der oberen Zylinderkante. Die Vase am Spiegelrahmen und eine Bilderaufhängung an der Rückseite des Spiegelrahmens anbringen.*

5 *Bedecken Sie die Vorderseite des Drahtrahmens mit einer Schicht großer Zeitungspapierstücke, die zuvor in Tapetenkleister getaucht werden, das Papier dabei glattstreichen. Lassen Sie eine Schicht weißes Papier folgen. Wenn Sie Papierstücke neben dem Spiegel befestigen, kleben Sie das Papier an den Spiegel, um ihn zu fixieren. Die Rahmenvorderseite trocknen lassen und den Vorgang auf der Rückseite wiederholen.*

Den Spiegelrahmen verzieren

Eine der tollsten Erfindungen der modernen Technik, der Kopierer, eignet sich bestens zum Verzieren. Lebhafte Effekte erzielt man durch Wiederholung des Musters.

Bemaltes Papier

MATERIALIEN

Papier zum Verzieren und Bemalen
Farbüberzüge
Tapetenkleister
Gouachefarben (Gold und Kupfer)
schwarzer Farbüberzug
seidenmatter Polyurethanlack

WERKZEUGE

Künstlerpinsel
Küchenkrepp oder Schwamm
Lackierpinsel

1 Ein Schwarz-Weiß-Muster auf ein Blatt Papier zeichnen und genügend Kopien herstellen, um den Rahmen bedecken zu können. Färben Sie die Blätter mit verschiedenen Farbüberzügen, und verzieren Sie sie mit Goldlinien und Farbklecksen. Die Blätter in große Stücke reißen, in Tapetenkleister tauchen und auf den Rahmen kleben. Achten Sie darauf, daß die gleichen Farben beidseitig ungefähr auf derselben Höhe sind, damit die Draperie wie ein echter Vorhang wirkt. Bedecken Sie auch die Vase mit gemustertem Papier.

2 Bemalen Sie den Spiegelsims mit schwarzer Farbe, und lassen Sie es trocknen. Danach mit einer Schicht goldener Farbe bedecken und abermals trocknen lassen. Verzieren Sie die Vase mit Klecksen aus Gold.

3 Malen Sie mit kupferner Gouache-Farbe Kleckse auf die Vase, und verzieren Sie auch entlang der Kanten, die Draperie mit Streifen. Tauchen Sie ein zerknülltes Stück Küchenkrepp in die kupferne Gouachefarbe, streifen Sie überschüssige Farbe auf Papier ab, und betupfen Sie dann den Sims, um ein strukturiertes Muster zu erzielen.

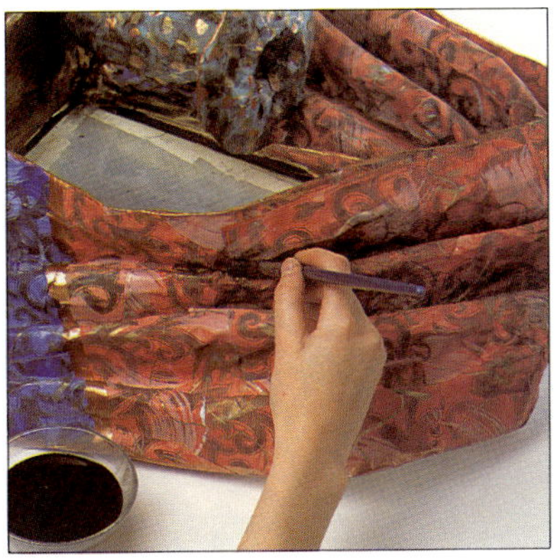

4 Mit stark verdünnter schwarzer Farbe Schatten in die Falten der Draperie und auf die Vase malen. Die dazu notwendige Menge hängt von der Intensität der Farben ab. Bei lebhaften Farbverzierungen werden Sie mehr schwarze Farbe brauchen als bei der Verwendung blasser Töne. Lassen Sie den Rahmen trocknen.

5 Bemalen Sie die Rückseite des Spiegelrahmens mit schwarzer Farbe, und lassen Sie sie an den Rändern in die Farben der Vorderseite übergehen. Trocknen lassen. Lackieren Sie den Spiegel mit seidenmattem Polyurethanlack. Sobald der Rahmen trocken ist, entfernen Sie die Plastikfolie vom Spiegel.

Elefantentopf

MATERIALIEN
eine dicke Kartonrolle
dicker Karton
Bleistift
PVA-Leim
Zeitungspapier
weiße Emulsionsfarbe

WERKZEUGE
Schere
Lineal
Schleifpapier
Pinsel
Stanley-Messer

Dekorations-materialien siehe S. 51

EIN HAUCH VON EXOTIK und die warmen Farben eines arabischen Marktes – Gelbocker, Zimt und leuchtendes Türkisblau – haften diesem Gefäß an. Es ist sehr fein gefertigt und aufwendig bemalt, obwohl die grundlegende Methode, eine Kartonform als Basis zu verwenden, die Arbeit vereinfacht. Seine Oberfläche ist glatt, fast wie Keramik oder Gesso, es gibt keine Beulen und Falten; dennoch ist beim Auftragen des Papiers sehr viel Geduld notwendig. Gefäße in diesen raffinierten Farben sehen sehr gut in Gruppen aus: eine Sammlung passender Töpfe und Krüge in verschiedenen Größen wirkt sehr attraktiv.

Als Ziermotive dienen einfache, klar abgegrenzte Formen, deren Umrisse man aus einem Buch abpausen kann. Elegante Buchstaben und Zahlen eignen sich ebenfalls hierfür. Diese Methode kann auch auf breitere und größere Behälter angewendet werden, etwa Schachteln oder große, bemalte Schirmständer. Dazu verwenden Sie einfach Kartonzylinder verschiedener Größen.

Ein Deckel, der paßt
Dieser kleine zylindrische Behälter trotzt wackeligen oder schlecht passenden Deckeln. Sein stabiler Rand hält das Oberteil fest an seinem Platz. Er ist einfach und schnell gemacht; ein Stück Kartonrolle wird mit ganz glatten Schichten Zeitungspapier bedeckt. Die unauffällige Feinheit ist für Papiermaché eher untypisch, da hier sonst Überschwenglichkeit die Norm ist.

Farbtöpfe
Die Lebhaftigkeit der Farben resultiert aus der Struktur der Emulsionsfarbe und den Kontrasten zwischen Buntstiften, Acrylfarbe und opaken Goldstreifen.

Den Topf herstellen

Stabile kleine Behälter für Küchenutensilien, Pinsel, Schminksachen und Trödel sind leicht und schnell gemacht. Als Grundlage dient eine Kartonrolle in beliebiger Größe.

1 *Schneiden Sie von einer Kartonrolle drei Stücke in einer Länge von 7,5 cm, 6,5 cm und 5 cm ab. Das größte Stück bildet den Unterteil, die beiden anderen den Deckel. Schleifen Sie die Kanten mit Schleifpapier ab, um sie zu glätten.*

2 *Stellen Sie eines der Rollenstücke auf dicken Karton, und zeichnen Sie seinen Umriß zweimal auf. Schneiden Sie die beiden Scheiben aus. Diese bilden Deckel und Boden des Behälters.*

3 *Nehmen Sie das mittlere Stück, schneiden Sie es der Länge nach durch, und entfernen Sie einen ungefähr 6 mm breiten Streifen. Schließen Sie die Öffnung wieder, so daß die Rolle einen etwas kleineren Durchmesser hat. Stecken Sie sie wie abgebildet in das kleinste Rollenstück.*

4 *Bestreichen Sie an jedem Rollenstück den Rand mit PVA-Leim, und befestigen Sie die beiden Kartonscheiben, so daß der Behälter Deckel und Boden erhält.*

5 *Reißen Sie ein großes Blatt Zeitungspapier in Streifen von etwa 12,5 cm Länge und 2,5 cm Breite. Tauchen Sie sie einzeln in verdünnten PVA-Leim (3 Teile Kleber auf 1 Teil Wasser), und kleben Sie das Papier auf den Kartonbehälter. Dazwischen glattstreichen. Beide Hälften innen und außen bedecken, dabei aber den vorstehenden Rand des Deckels auslassen. Nach dem Trocknen eine zweite Lage Zeitungspapier auftragen. Wieder trocknen lassen.*

6 *Nehmen Sie ein Stanley-Messer, und schälen Sie entlang des vorstehenden Deckelrandes eine dünne Kartonschicht ab. Diese sollte etwa halb so stark wie der Karton sein. Schleifen Sie den Rand mit Schleifpapier glatt. Dadurch läßt sich der Deckel leichter auf den Behälter setzen.*

7 *Bestreichen Sie die beiden Hälften innen und außen mit einer Schicht weißer Emulsionsfarbe. Trocknen lassen und eine zweite Schicht hinzufügen. Dadurch erhalten Sie eine geeignete Oberfläche zum Verzieren.*

Den Topf verzieren

Kombinieren Sie verschiedene Arten von Farben und Buntstiften, um einen lebhaften Effekt zu erzielen.

MATERIALIEN

Buntstifte
Acrylfarben
Silbermetallfarbe
Fixiermittel
Haushaltslack

WERKZEUGE

Bleistift
Pinsel
Lackpinsel

Zeichnen Sie das Muster mit Bleistift auf die Außenseite des Topfes. Bemalen Sie ihn mit einer Kombination aus Buntstiften und Farben, um Strukturunterschiede zu erzielen. Hier wurden Elefanten und Sterne mit Buntstiften, der Hintergrund mit Acrylfarbe bemalt. Weiter wurde der Behälter mit schmalen Streifen Silbermetallfarbe entlang des oberen und unteren Randes verziert. Die Farben trocknen lassen, und den Topf mit einem Fixiermittel besprühen. Atmen Sie dabei nichts ein! Abschließend lackieren.

Kitsch-Schatulle

MATERIALIEN
dünner Karton
Wellpappe
Abdeckband
PVA-Leim
Wasser
Zeitungspapier
Seidenpapier
Modellierton
Vaseline
Schnellepoxidharz
weiße Emulsionsfarbe

WERKZEUGE
Bleistift
Skalpell
Metallineal
Marmeladenglas
Pinsel
Abtropfgitter
Spachtel

Dekorations-materialien siehe S. 55

DIESE SCHATULLE ist nicht nur lebhafter Ausdruck für den Spaß, den man mit Papiermaché haben kann, sondern auch ein ehrenvoller Tribut an den Valentinstag. In ihr können Sie teure Pralinen, einen Verlobungsring, ein rotes Samtkissen oder mit Seidenbändern zusammengebundene Liebesbriefe verwahren. Für ein dezenteres Aussehen der Schachtel können Sie Blautöne verwenden, modellierte Fische oder echte Muscheln auf dem Deckel und den Seiten anbringen.

Diese Schatulle ist zu extravagant, um etwas so Profanes wie Blumensamen oder Rechnungen aufzubewahren, aber eine kleine Sammlung kostbarer Erinnerungen, zum Beispiel ein aktuelles Tagebuch, in dem Sie Ihre Parties, Rendezvous und Romanzen verewigen, ist ein passender Inhalt. Sie können das Design auch vereinfachen, indem Sie die Füße, den doppelten Deckel oder die modellierten Herzen weglassen. Wenn Ihnen eine einfachere Schachtel gelungen ist, können Sie sich ja immer noch an etwas Anspruchsvolleres wagen.

Ein Werk der Liebe
Diese Schachtel, die auf einer etwas komplizierteren Kartonform gebaut wird, wurde sorgfältig geplant, auch wenn sie scheinbar das Produkt unbekümmerter Sorglosigkeit ist. Dreidimensionale geformte Motive und sorgfältige Malerei in lebhaften Farben ergeben eine Schatulle, in der Sie Ihre teuersten Kostbarkeiten aufbewahren können.

Vom Meer inspiriert
Dieselbe Form mit Fischmotiven in zwei unterschiedlichen Versionen: die schwarze Schatulle mit schreienden Neonfarben, neben der die Muschelschatulle ruhig und natürlich aussieht.

Die Schatulle herstellen

Genaues Schneiden und Kleben sind für die architektonische Finesse dieser Schatulle unabdingbar; das Resultat ist der perfekte Aufbewahrungsort für zarte Briefe.

1 *Fertigen Sie sechs Schablonen (siehe S. 92–93) aus dünnem Karton. Zeichnen Sie die Umrisse auf Wellpappe, und schneiden Sie die erforderlichen Teile zu (es sollten insgesamt 16 sein). Um glatte Kanten zu erhalten, verwenden Sie ein Skalpell und ein Metallineal. Schneiden Sie die Kanten der Ränder in einem Winkel von 45 Grad zu, damit die Teile beim Zusammenkleben besser aufeinanderpassen.*

2 *Bauen Sie Schachtel und Deckel gemäß der Abbildung auf S. 93 zusammen. Fixieren Sie die Kartonteile mit Abdeckband.*

3 *Bereiten Sie Papier, Kleber sowie Zeitungs- und Seidenpapierstreifen von 2,5 x 5 cm vor. Vermengen Sie 3 Teile PVA-Leim und 1 Teil Wasser in einem Marmeladenglas. Kleben Sie eine Schicht überlappender Zeitungspapierstreifen an allen Kanten und Verbindungen der Schachtel und des Deckels auf (siehe kleines Bild). Die ganze Schachtel mit Leim bedecken und bestreichen. 48 Stunden lang trocknen lassen.*

4 *Formen Sie aus Modellierton zwei große Herzen (5 cm breit und 2,5 cm dick) und ein kleineres (4 cm breit, 2 cm dick). Mit Vaseline bestreichen und mit PVA-Leim 30 Lagen Seidenpapier darüberkleben (siehe S. 22 Punkt 3). Lassen Sie die Herzen auf einem Abtropfgitter 48 Stunden lang trocknen, und entfernen Sie den Ton (siehe S. 22 Punkt 4 und kleines Bild).*

5 *Mittels der Schablonen vier Kartonherzen ausschneiden (siehe S. 93). Mit verdünntem PVA-Leim auf jede Seite eines kleben, und Papiermachéherzen auf den Kartonherzen befestigen. Zwei Herzen für den Deckel beiseite legen. Die Herzformen mit drei Lagen Seidenpapier bekleben und 24 Stunden lang trocknen lassen.*

6 *Für den Griff auf dem Deckel schneiden Sie einen Kartonpfeil von etwa 15 cm Länge zu (siehe Schablone S. 93). Mit einer Schicht Seidenpapier bedeckt, befestigen Sie ihn leicht geneigt zwischen den beiseitegelegten Herzhälften. Herz und Pfeil mit sechs Lagen Seidenpapier fixieren und 24 Stunden lang trocknen lassen.*

7 *Zeichnen Sie mit Lineal und Bleistift diagonale Linien von einer Ecke des Deckels zur anderen, um den Mittelpunkt zu finden. Bringen Sie mit einem Spachtel Schnellepoxidharz an der unteren Herzspitze und der Deckelmitte an, und kleben Sie den Herzgriff am Deckel fest. Etwa 10 Minuten lang festhalten. Nach dem Trocknen die Verbindung mit Seidenpapier fixieren. 24 Stunden trocknen lassen.*

8 *Bestreichen Sie Schatulle und Deckel innen und außen mit weißer Emulsionsfarbe, und lassen Sie sie trocknen. Das ergibt eine glatte Oberfläche zum Verzieren.*

Die Schatulle verzieren

Legen Sie Ihre Hemmungen ab, und bringen Sie jeden Millimeter der Oberfläche in lebhaften Farben zum Schillern.

MATERIALIEN

Gouachefarben
Sprühlack
glänzender Innenholzlack

WERKZEUGE

Künstlerpinsel
Lackierpinsel

Verzieren Sie die Schatulle mit Gouachefarben. Bemalen Sie zuerst die Grundfläche, jede Seite in einer anderen Farbe; hier haben wir Ocker, Rot, Lila und Violett verwendet. Nach dem Trocknen verzieren Sie die Schachtel mit rotbraunen und schwarzen Schnörkeln, um ein Leopardenfellmuster zu erzeugen, die rote und die lila Fläche mit goldenen Tupfen und Schnörkeln. Nach dem Trocknen besprühen Sie die Schatulle dünn mit Sprühlack, um die Gouachefarben zu fixieren. Trocknen lassen; die Schatulle noch mit zwei dünnen Schichten glänzendem Innenholzlack bestreichen, um die Oberfläche hart und glänzend zu machen. Die einzelnen Schichten trocknen lassen.

Faschingsmaske

MATERIALIEN
Karton
Abdeckband
Zeitungspapier
PVA-Leim
Wasser
Modellierton
Vaseline
Gesso

WERKZEUGE
Bleistift
Schere
Skalpell
Pinsel
Schleifpapier

Dekorationsmaterialien siehe S. 59

EIN MODELL AUS Karton und Modellierton dient als Form für diese üppigen Faschingsmasken. Das Tongesicht wird mit vielen Schichten Zeitungspapierstreifen bedeckt, um die feinen Gesichtszüge zu formen. Drei Schichten Gesso verleihen dem Papiermaché Stabilität und bereiten die Oberfläche für die Umsetzung Ihrer Acrylmalerei ideal vor.

Diese Methode ermöglicht es Ihnen, Masken für Parties, Theaterstücke, griechische Tragödien oder einfach als Wandzierde zu gestalten, in Erinnerung an besondere Maskenbälle. Sie können auch – natürlich mit Vorsicht – gutgemeinte Karikaturen von Freunden anfertigen und Ihrer Kreativität freien Lauf lassen. Kaum jemand wird etwas dagegen haben, als Paradiesvogel mit einer Federkrone dargestellt zu werden, aber Sie könnten es sich mit einigen Leuten verscherzen, wenn Sie sie als Schnabeltier oder Schwein porträtieren.

Dekorative Verkleidungen
Diese detailreiche, gefederte Maske ist ein beeindruckender Ausdruck malerischen Könnens. Sie ist zu schade, um nur auf einer Party getragen zu werden, wie berauschend diese auch sein mag. Sie eignet sich ebenso gut als Wanddekoration. Oder sie dient als Ausrede, um endlich einmal zum Karneval nach Venedig fahren zu können.

Zwei Papiergesichter
Acrylfarben eignen sich hervorragend für feine Malerei. Der blaue Vogel könnte einen Renaissance-Maskenball zieren, der sonnenfarbene Löwe besitzt das Flair eines Wappens.

Die Maske herstellen

Diese furchterregende Maske aus einer Ton- und Kartonform kann viele Gesichter annehmen. Um Schnäbel oder Rüssel herzustellen, müssen Sie nur den Schnitt und die Form etwas abändern.

1 *Zeichnen Sie die Umrisse der Maske und des Schnabels auf Karton auf, und schneiden Sie beides mit einer Schere aus.*

2 *Positionieren Sie den Schnabel im rechten Winkel auf die Maske, und fixieren Sie ihn mit zwei Kartonstücken, die Sie zuvor auf beiden Seiten des Schnabels und dann auf der Maske befestigt haben.*

3 *Bedecken Sie die Klebestelle zwischen Schnabel und Maske mit Zeitungspapierstreifen, die Sie mit verdünntem PVA-Leim (1 Teil PVA, 1 Teil Wasser) befestigen, wodurch diese stabiler wird. Die Maske einen Tag lang trocknen lassen.*

4 *Bedecken Sie die Oberfläche der Maske mit kleinen Tonkugeln, und streichen Sie sie entlang der Maskenform glatt. Modellieren Sie grobe Details wie Schnabelform oder Augenhöhlen. Verlieren Sie sich aber nicht zu sehr in Einzelheiten, da feine Details aufgemalt werden.*

5 *Bedecken Sie den Ton mit Vaseline, und fixieren Sie mit verdünntem Kleber (dieselbe Mischung wie zuvor) auf Vorder- und Rückseite 10 Schichten Zeitungspapier. Etwa drei Tage lang trocknen lassen, bis die Maske hart und trocken ist. Mit einem Skalpell entlang der äußeren Kanten und der Schnabellänge einschneiden, und die Maske vorsichtig von der Form lösen (siehe kleines Bild).*

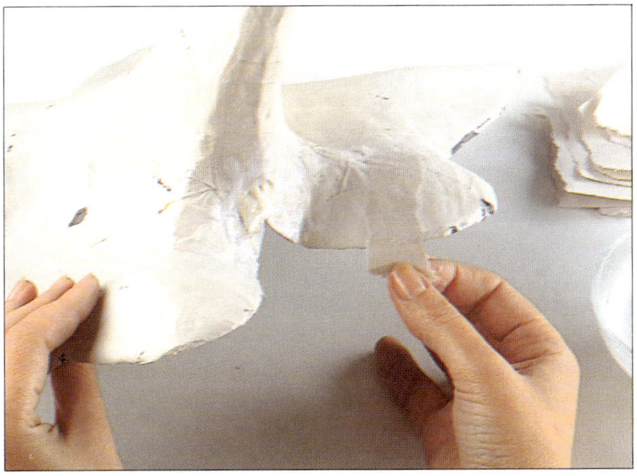

6 Bohren Sie für die Augen und an den Seiten Löcher, um ein Band durchziehen zu können. Schließen Sie den Schlitz im Schnabel, und kleben Sie die Ränder mit Abdeckband zusammen. Naht und Maskenränder mit Zeitungspapierstreifen bedecken, um Unebenheiten zu beseitigen.

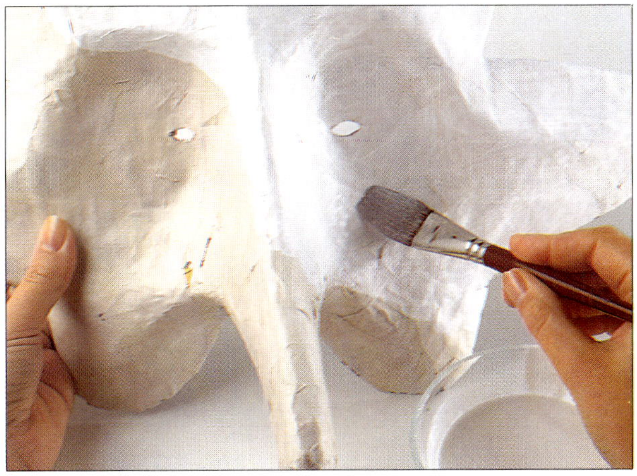

7 Bemalen Sie die Maske mit drei Schichten Gesso; die einzelnen Schichten trocknen lassen. Gesso eignet sich hervorragend als Malunterlage und verstärkt das Papiermaché. Nach dem Trocknen die Maske vorsichtig mit Schleifpapier glätten.

Die Maske verzieren

Acrylfarben geben der Maske eine karnevalsartige Lebendigkeit und Farbintensität und erlauben Ihnen, feine Details, wie Augen und Brauen, deutlich hervorzuheben.

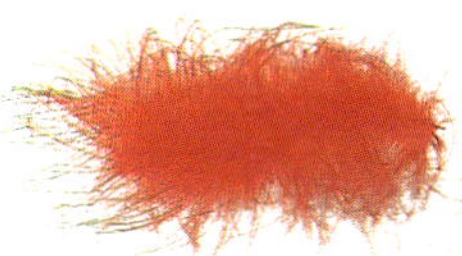

Federn

MATERIALIEN
blasser Bleistift
Acrylfarben
Federn
Zeitungspapier
PVA-Leim
Innenlack
Bänder

WERKZEUGE
Künstlerpinsel
Lackierpinsel

1 Zeichnen Sie mit einem hellen Buntstift die Muster auf die Maske. Verwenden Sie keinen gewöhnlichen Bleistift, da dieser beim Auftragen der Farben verschmieren kann. Bemalen Sie die Maske mit Acrylfarben, dabei mit blasseren Farben beginnen und Schicht für Schicht auftragen. Reiben Sie eher wässrige Farbe mit ihrem Finger in das Gesso ein, um eine bessere Struktur zu erhalten.

2 Arbeiten Sie sich zu dunkleren, kräftigeren Farben vor, wie Rot oder Dunkelgrün. Sobald Sie mit der Vorderseite fertig sind, bestreichen Sie die Rückseite mit schwarzer Farbe. Nach dem Trocknen mit einigen Streifen Zeitungspapier oben auf der Rückseite ein paar Federn befestigen. Trocknen lassen und die Maske mit Innenlack bestreichen, um ihr Glanz zu verleihen und sie zu versiegeln. Abschließend Bänder durch die Seitenlöcher ziehen, um die Maske über dem Gesicht tragen zu können.

Ideen zum Ausprobieren

Mit Karton, Holz, Modellierton und Drahtgitter läßt sich jede beliebige Form herstellen. Auf den folgenden Seiten finden Sie Rahmen, Schalen, Uhren, Puppen und sogar einen prächtigen Hahn. Schöpfen Sie Ihr Repertoire aus, und gestalten Sie eine Arche Noah oder eine Lampe, und arbeiten Sie sich bis zu Faschingsmasken und Beistelltischchen vor.

▶ Kinderpuppen
Die Köpfe dieser Puppen bestehen aus geknülltem Papier; die Gliedmaßen und der Hals sind Plastikstrohhalme, die mit Papier bedeckt und mit Fäden an den ausgestopften Baumwollkörpern angebracht wurden. Details werden mit Acrylfarbe aufgemalt; die Kleider bestehen aus Stoffresten.

◀ Kugelförmige Vasen
Diese Vasen wurden über einem Wasserball geformt, mit einer Mischung aus Emulsionsfarbe und PVA-Leim bestrichen, mit Acrylfarben bemalt und einem Tuch poliert. Papierschablonen setzen dekorative Akzente.

◀ Spiegel mit Wappen
Dieser Rahmen wurde aus einem Kartongerüst gebaut, mit cremefarbener und blauer Acrylfarbe bemalt und mit Schleifpapier poliert. Mit den Verzierungen sind wir ähnlich verfahren.

▶ Liebeskästchen
Ein altes, ausgedientes Kästchen wurde mit Buntpapier und mit zerrissenen Seiten aus Liebesromanen bedeckt. Nach dem Trocknen wurde es mit einer Mischung aus Emulsions- und Gouachefarbe verschiedenfarbig bemalt, mit Schleifpapier poliert und lackiert.

▲ Muscheluhr
Diese Uhr bekam einen Rahmen aus Karton, der mit handgefertigtem, gesprenkeltem Papier überzogen und mit Papiermuscheln verziert wurde.

◀ Kranzrahmen
Dieser Rahmen wurde mit Papierrosen und Polystyrol-Blättern verziert und mit einer mit Öl verwischten Glasur überzogen.

▶ Spielzeugkäfer
Dieser ausgefallene Spielzeugkäfer wurde aus einer Form aus Ton und Gips gefertigt und mit Papier überzogen. Auf der Unterseite befindet sich ein einfacher Aufziehmechanismus, der den Käfer hin- und hersausen läßt.

▶ Sternenrahmen
Sternförmige Stücke aus starkem Papier wurden auf diesen Holzrahmen aufgeklebt und mit Papier bedeckt. Der Rahmen wurde mit weißer Emulsionsfarbe, PVA-Leim und blauer Gouachefarbe überzogen und mit feuchten Wattebauschen eingerieben. Goldene Farbe setzt Akzente.

▼ Fischbox
Hier wurde Papier über eine Form aus Ton und Karton gelegt, die Details sind aus Papierbrei geformt. Der Behälter ist mit Gesso und Acrylfarben verziert und mit Wachs eingerieben.

▼ Regenbogenfisch
Dieser Fisch entstand mittels einer Gipsform. Nach dem Trocknen wurde er mit Gesso bestrichen, mit Schleifpapier geglättet und mit Acrylfarben bemalt, wobei wir mit blassen Farben anfingen und uns zu den kräftigeren Farben bis hin zum Gold vorarbeiteten. Danach überzogen wir den Fisch noch mit einer Schicht Bodenlack.

▲ Goldfisch
Dieser Fisch aus Draht wurde mittels Zeichenpapier, PVA-Leim und Lack gestaltet.

◀ **Papiergeflügel**
Ein Gerüst aus Drahtgitter gibt diesem Hahn Form. Er besteht aus Papierschichten, die mit Tapetenkleister bestrichen wurden. Nach dem Trocknen wurde er mit Acrylfarben bemalt und lackiert. Er sieht so lebensecht aus, daß sogar die echten Hühner des Künstlers zweimal hinsehen mußten!

▼ **Riesige Fischform**
Bei diesem 93 cm langen und 50 cm breiten Fisch wurden Zeitungspapierschichten in eine Gipsform gelegt. Nach dem Trocknen wurde die Form abgelöst, der Fisch mit vier Schichten Gesso bestrichen, glattgeschliffen, mit Acrylfarben bemalt und lackiert.

Dekorative Ideen und Ausarbeitungen

Jetzt, wo Sie die Grundlagen beherrschen, können Sie sich der hohen Kunst der ausgefallenen Verzierung widmen. Lassen Sie Ihrer Phantasie freien Lauf! Sie können Ihrem Papiermaché mit Gesso eine porzellanglatte Oberfläche geben, ihm mit unechtem Blattmetall Glanz verleihen oder mit Krakelee einen antiken Anstrich verleihen. Experimentieren Sie mit Nähten und Prägungen oder Verzierungen aus Glasperlen und Glitter. Getrauen Sie sich, grelle Farben zu verwenden, oder kombinieren Sie Naturtöne mit Muscheln und farbigen Glasstücken. Denken Sie daran, daß es keine Rolle spielt, wieviele Zeitungen Sie so wiederverwerten, denn täglich erscheinen neue.

Schmetterlings-Tablett

MATERIALIEN
Spanplatte (2 mm dick) oder Aufziehkarton
Karton
PVA-Leim
Abdeckband
Zellulosekleister
Zeitungspapier

WERKZEUGE
Schere
dünnes Holzstäbchen
Pinsel

Dekorations-materialien siehe S. 68

Die Japaner besitzen kein Teemonopol. Mit ein wenig Mühe und Stil vollziehen auch Sie eine Teezeremonie, die an bessere, zivilisiertere Zeiten erinnert. Durchschimmernde Porzellantassen, ein blumiger Teekessel, köstliche Törtchen und ein Schmetterlingsschwarm auf einem kunstvoll bemalten Tablett zaubern auch im Winter einen Hauch von Sommer in Ihr Heim.

Hier sollten Sie mit ausgeschnittenen Motiven und einem Farbkopierer experimentieren. Mit ein wenig Übung können Sie aus großen, ebenen Flächen außergewöhnliche Stücke schaffen. Versuchen Sie, ein paar täuschend echte Törtchen und Kekse aufzumalen, verwenden Sie aus Geschenkpapier ausgeschnittene Blumen, kalligraphieren Sie eine Geburtstagswidmung oder verzieren Sie eine mittels Schablone aufgemalte Chrysantheme mit Gold. Die ganze Welt steht Ihnen offen.

Picknick-Tee
Ein Tablett mit Schmetterlingen verleiht sogar dem trübsten Wintertag einen Hauch Hochsommer. Die Arbeit mit ausgeschnittenen Motiven ist einfach und eignet sich hervorragend für wertvolle Erinnerungsstücke; eine Hochzeit läßt sich mit Herzen und Engeln zelebrieren, ein Sommerurlaub bleibt am besten mit Muscheln und tropischen Fischen im Gedächtnis.

Herbsterne
Sobald Sie einmal damit anfangen, werden Sie alle möglichen Dinge in den Farbkopierer legen: feurige Herbstblätter mit einer Fasanfeder und einem Farnwedel erwecken die nebelige Jahreszeit am Kamin zum Leben; oder lassen Sie sich von herbstlichen Äpfeln zu einem Tablett mit Früchten inspirieren.

Das Tablett herstellen

Papiermaché kann mit allem kombiniert werden. Hier wurde einer Spanplatte durch eine dünne Schicht Papier Charakter verliehen.

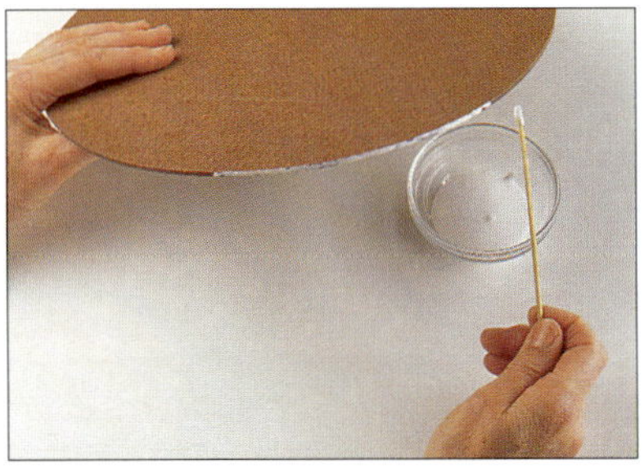

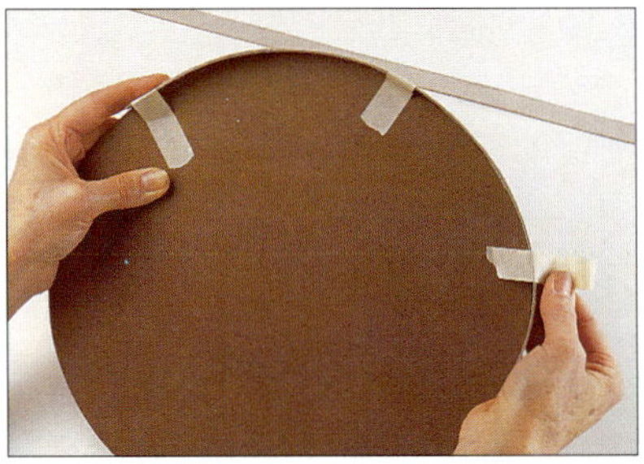

1 *Schneiden Sie aus einer Spanplatte oder einem Aufziehkarton eine Scheibe von etwa 30 cm Durchmesser und einen etwa 1,5 cm breiten Streifen Karton zu, der lang genug ist, um die Scheibe zu umfassen. Einfacher ist es, zwei Streifen zuzuschneiden und aufzukleben. Tragen Sie mit einem dünnen Holzstäbchen PVA-Leim am Rand der Scheibe auf.*

2 *Den Kartonstreifen auf der Plattenscheibe (die glatte Seite nach oben) mit Klebeband befestigen, er dient als Tablettrand. Verkleben Sie beide Enden sorgfältig miteinander. Bestreichen Sie die Unterseite des Tabletts mit einer Schicht PVA-Leim, um sie zu versiegeln und wasserdicht zu machen. Gründlich trocknen lassen.*

3 *Kleben Sie mit Zellulosekleister dünne Streifen Zeitungspapier über den Tablettrand, arbeiten Sie dabei von innen zur Außenseite des Randes und pressen Sie sie sorgfältig an. Die Tablettoberfläche mit größeren Zeitungspapierstreifen bekleben und eine weitere Schicht hinzufügen. Trocknen lassen. Diesen Vorgang noch zweimal wiederholen.*

Das Tablett verzieren

Für diese ausgeschnittenen Motive brauchen Sie eine gute Schere und einen Topf Klebstoff.

MATERIALIEN

- Gesso,
- mit Pigment gefärbt Acrylfarben
- aus Zeitschriften ausgeschnittene Papiermotive
- Papierklebstoff
- starker Acryllack für die ausgeschnittenen Motive
- dunkle Wachspolitur

WERKZEUGE

- mittelfeines Schleifpapier
- Haushaltspinsel
- mittelstarke und rauhe Stahlwolle
- Schere
- Küchenkrepp
- Künstlerpinsel
- Lackierpinsel
- Tuch

1 *Schleifen Sie das Tablett vorsichtig ab, um Unebenheiten zu beseitigen. Drei Schichten gefärbtes Gesso auftragen, dazwischen trocknen lassen. Vor dem letzten Auftrag das Tablett leicht abschleifen.*

2 *Tragen Sie auf der Tablettoberfläche drei oder vier Acrylfarben fleckig auf. Hier wurde Weiße, Gelbe, Grüne und Weinrote verwendet. Lassen Sie die Farben ineinanderfließen und gründlich trocknen.*

3 *Schleifen Sie das Tablett mit Schleifpapier leicht ab, damit die Gesso-Unterlage durchschimmern kann. Danach reiben Sie die Oberfläche mit mittelstarker Stahlwolle ab.*

4 *Die Papiermotive mit der Vorderseite nach unten auf ein Stück Küchenkrepp legen und mit Papierklebstoff bestreichen (siehe kleines Bild), dann, je nach Entwurf (mit der richtigen Seite nach oben), auf das Tablett kleben. Mit zerknülltem Küchenkrepp darüberstreichen, um überschüssigen Klebstoff und Luftbläschen zu entfernen. Nun können Sie noch feine Details aufmalen. Trocknen lassen.*

5 *Das Tablett mit mindestens sechs Lackschichten bestreichen, dabei den Lack zwischendurch immer trocknen lassen. Den Rand und die Unterseite sollten Sie mit drei weiteren Schichten zusätzlich schützen. Nach dem Trocknen mit grober Stahlwolle kreisförmig über die Oberfläche streichen. Dadurch wird Glanz entfernt und die Oberfläche zufällig zerkratzt.*

6 *Mit einem weichen Tuch feine, dunkle Wachspolitur in die Kratzspuren streichen, etwa 45 Minuten trocknen lassen und mit einem sauberen Tuch polieren. Die dunkle Politur bleibt in den Kratzspuren zurück und läßt das Tablett alt und abgenutzt aussehen.*

Prunkvolle Ohrringe

MATERIALIEN

dicker Karton
Schnellepoxidharz
Ohrringhaken und Clips oder Stecker
Zeitungspapier
Tapetenkleister
weiße Emulsionsfarbe

WERKZEUGE

Bleistift
Schere
dünnes Holzstäbchen
Schale
Abtropfgitter
Pinsel
Zange

Dekorationsmaterialien siehe S. 73

DIESE OHRRINGE werden sicher auffallen. Aber im Unterschied zu den Kronjuwelen müssen Sie sie nicht im Safe verstecken, wenn Sie sie nicht tragen. Die Ohrringe sind ein bestechendes Beispiel für den Einfallsreichtum und die Raffinesse moderner Schmuckdesigner. Sie sind wunderbar einfach herzustellen und laden zum Experimentieren und Variieren ein.

Die Schöpferin dieser Ohrringe erzeugt auch wunderschöne Armreifen und Broschen. Für erstere verwendet sie eine Form aus gedrehtem Papier, für letztere ein Kartongerüst. Wenn Ihnen diese Ohrringe gelingen, können Sie sich an Sets auffallender, aufeinander abgestimmter Schmuckstücke machen, die Ihre Garderobe bereichern. Ein Paar handgemachte Ohrringe sind ein unvergeßliches Geburtstagsgeschenk. Mit eigens angefertigten Kreationen läßt sich jedes Fest zelebrieren: klassische Kombinationen aus roten, grünen und goldenen Farbtönen zu Weihnachten oder Herzen in verschiedenen Rottönen am Valentinstag. Fertigen Sie eigens für Ihre liebste Brokatjacke Ohrringe und eine Brosche in passenden Farben und Motiven an. Diese Schmuckstücke herzustellen macht Spaß, und auch beim Tragen sollten sie Ihnen Freude machen.

Billig, aber kostbar

Dank ihrer raffinierten Ausarbeitung strahlen diese Ohrringe viel Glanz aus, und das, obwohl sie billig und einfach herzustellen sind. Sie versuchen gar nicht, kostbar auszusehen, sondern sind einfach eine bunte Ansammlung von Goldfarbe, Folie und Glassteinen.

Herzen und Sterne

Wie man mit Farbe und Büroklammern viel Aufmerksamkeit erregt: Diese Ohrhänger mit bunten, mexikanischen Herzen bestehen schlicht und einfach aus Papier, Farbe und Klebstoff. Die betupften Sterne fallen durch einen raffinierten Glorienschein aus Büroklammern auf.

Die Ohrringe herstellen

Herzen, Sterne, Diamanten, falls Sie sich keine echten leisten können – diese Ohrringe lassen sich in jeder beliebigen Form und, dank ihrer Leichtigkeit, auch in jeder Größe formen.

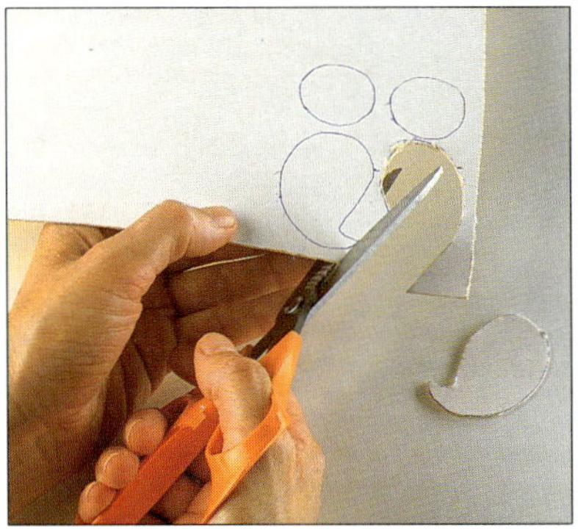

1 Zeichnen Sie die Ohrringform auf einen dicken Karton. Jeder Ohrring besteht aus zwei Teilen, einem runden Oberteil und einem kommaförmigen Unterteil. Schneiden Sie sie mit der Schere aus.

2 Bestreichen Sie jeden Teil mittels eines Holzstäbchens mit Schnellepoxidharz, und befestigen Sie einen Haken, der jeweils am Rand hinausragt, so daß Sie beide Teile aneinanderhängen können. Etwa 1–2 Stunden trocknen lassen.

3 Zerreißen Sie zwei Lagen Zeitungspapier in 5 cm lange und 2,5 cm breite Streifen. Rühren Sie der Gebrauchsanweisung folgend ein wenig Tapetenkleister an. Die Streifen einzeln in den Kleister tauchen, auf die Formen kleben und glattstreichen. Jede Form beidseitig mit Papier bedecken und auf einem Abtropfgitter über Nacht trocknen lassen. Den Vorgang wiederholen.

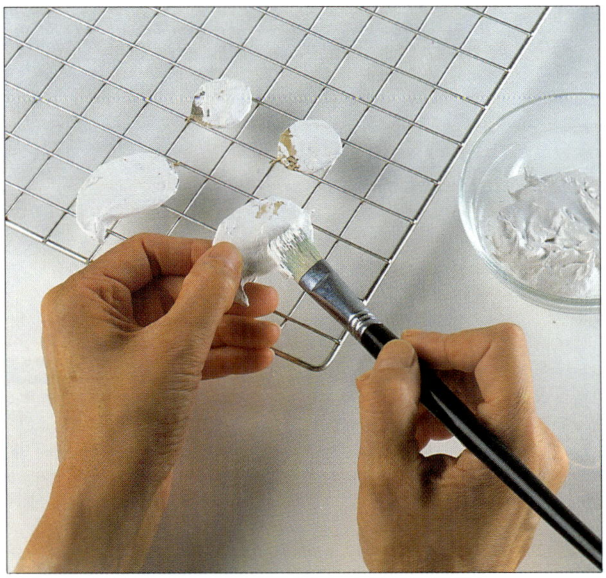

4 Versichern Sie sich, daß die Ohrringe trocken sind, und bestreichen Sie sie mit weißer Emulsionsfarbe. Trocknen lassen, dadurch erhalten Sie eine geeignete Oberfläche zum Verzieren.

5 Um die beiden Teile zusammenzufügen, biegen Sie den Haken des Unterteiles mit einer Zange auf und befestigen ihn am Oberteil. Wieder zurückbiegen und mit Schnellepoxidharz fixieren.

Die Ohrringe verzieren

Farbe, Bonbonpapier und Glassteine verleihen Charakter. Klassische Stücke lassen sich mit unechtem Blattgold herstellen; Weihnachtsglitter eignet sich für Kitsch.

Farbfolien

Glassteine mit flacher Rückseite

MATERIALIEN

Gouachefarben

Schnellepoxidharz

Glassteine mit flacher Rückseite (erhältlich in Bastelgeschäften)

Farbfolien

silberglänzender Polyurethanlack

WERKZEUGE

feiner Pinsel

dünnes Holzstäbchen

Schere

Zeitungspapier

1 *Bemalen Sie mit Gouachefarben beide Seiten der Ohrringe komplett mit verschiedenfarbigen Streifen. Sie stellen die Hintergrundfarben für unsere Ohrringe dar. Trocknen lassen.*

2 *Mit einem Holzstäbchen Schnellepoxidharz auftragen und verschiedene Glassteine mit der flachen Rückseite auf die Vorderseite der Ohrringe kleben. Verwenden Sie verschiedene Farben und Größen, um einen glänzenden Effekt zu erzielen. Trocknen lassen.*

3 *Schneiden Sie etwa 6 mm breite Streifen Farbfolie zu. Mit einem Holzstäbchen Schnellepoxidharz rund um jeden Stein auftragen und mit einem Streifen Folie bedecken, dabei die Folie mit den Fingern sorgfältig plazieren. Übriggebliebene Folie abschneiden.*

4 *Für zusätzlichen Glanz bemalen Sie die Ränder der Ohrringe mit goldener Gouachefarbe. Etwa eine halbe Stunde lang trocknen lassen.*

5 *Kleben Sie mit Schnellepoxidharz Ohrstecker oder -clips auf die Rückseite beider Ohrringe; trocknen lassen, bis sie fest fixiert sind.*

6 *Halten Sie die Ohrringe an den Halterungen fest, und tauchen Sie sie komplett in eine Dose silberglänzenden Polyurethanlack. Auf einem Stück Zeitungspapier trocknen lassen. Dieser Lack verleiht den Ohrringen einen besonderen Glanz und Schutz.*

Wertvolles Papier

MATERIALIEN
Toilettenpapier
Wasser
Kaseinfarbe oder Gesso

WERKZEUGE
Spieße oder Stricknadeln
Schale
Marmeladeglas
Kuchenform (bei Bedarf)
Künstlerpinsel

Dekorationsmaterialien siehe S. 76

DAS ZARTE GLITZERN von Farbe und Gold verleiht diesen schimmernden Perlen eine Oberfläche so edel schillernd wie das Innere einer Auster. Sie sind kinderleicht herzustellen und machen sich sehr gut an üppigen, raffinierten Ketten, die zu einem schlichten, schwarzen Kleid getragen werden können. Sie können die Perlen verzieren oder einfach lassen, glatt oder gemustert, glänzend oder matt, lang und schmal oder rund und klobig herstellen.

Sie können Sie mit Pinselstrichen färben oder mit Gouache- oder Acrylfarben feine Details aufmalen. Probieren Sie Punkte, Streifen oder Zickzackmuster in einer oder mehreren Farben aus. Sie können Tupfen wie bei Wachteleiern malen, mit einem Holzstäbchen gravieren und ihnen mit Grün und Türkis einen Patinaüberzug geben. Fädeln Sie die Perlen auf Seidenfäden, einen Knoten farbiger Lederriemen dazwischen, oder wählen Sie einen Hanffaden für schwarze, zinnoberrote und goldene Perlen.

Verschwenderische Perlen
Wenn Sie es in der Mode groß und üppig lieben, liegen Sie bei diesen prachtvollen Papiermaché-Perlen genau richtig.

Pailletten-Power
Plündern Sie den Regenbogen, fügen Sie Silber und Gold hinzu – ein unschlagbares Rezept für optischen Reichtum. Wozu Diamanten kaufen, wenn die Farben der Welt auf der Pinselspitze liegen?

Die Perlen herstellen

Einfach genug für Kinder und raffiniert genug für Erwachsene – Perlen in allen Größen und Formen sind schnell hergestellt.

1 *Wickeln Sie ein Stück Toilettenpapier um einen Spieß oder eine Stricknadel, tauchen Sie dieses in eine Schale mit Wasser, pressen Sie es so trocken wie möglich, und formen Sie dabei eine Perle. Die Perle nach unten schieben und den Vorgang wiederholen. Nach vier Perlen den Spieß in ein Marmeladenglas stellen und die Perlen trocknen lassen. Sie können die Trockenzeit auch verkürzen, indem Sie die Perlen vom Spieß lösen und in einer Kuchenform bei niedriger Temperatur im Backofen trocknen; alle 10 Minuten nachsehen!*

2 *Rühren Sie Kaseinfarbe an, so daß sie die Konsistenz von flüssiger Sahne hat. Die Perlen damit grundieren und trocknen lassen. So erhält man eine gut zu verzierende Oberfläche. Mit Gesso erzielen Sie einen ähnlichen Effekt.*

Die Perlen verzieren

Verlieren Sie sich in wilden Farben und Goldfolien – inspirieren Sie sich an Textilien und Stickereien.

unechtes Blattsilber

unechtes Blattgold

MATERIALIEN

opake, perlmuttglänzende und transparente Acryltuschen
transparente Wasserfarbentusche
goldene und silberne Plakatfarbe
hochglänzender Polyurethanlack
unechtes Blattgold und -silber
Kordeln oder Lederriemen

WERKZEUGE

Künstlerpinsel
Lackierpinsel

1 *Malen Sie mit farbigen opaken, perlmuttglänzenden und transparenten Acryltuschen Farbkleckse auf die Perlen.*

2 Bemalen Sie nach und nach die ganze Perle mit Klecksen und Strichen. Für mehr Wirkung verwenden Sie Schichten opaker, perlmuttglänzender und transparenter Tusche in verschiedenen Farben. Trocknen lassen.

3 Bemalen Sie die Perlen mit transparenter sepiabrauner Wasserfarbe, um die Acryltuschefarben ein wenig zu mattieren und einen Antikeffekt zu erzielen. Ein paar Minuten trocknen lassen.

4 Klecksen Sie mit einem halbtrockenen Pinsel goldene und silberne Plakatfarbe auf die Perlen, die Untergrundfarben sollten noch durchschimmern. Trocknen lassen und zwei bis fünf Schichten glänzenden Polyurethanlack auftragen. Die einzelnen Schichten immer trocknen lassen.

5 Drücken Sie kleine Stücke Gold- und Silbermetall auf die Perlen, und streichen Sie sie mit dem Daumen glatt. Eine weitere Schicht Lack für besonderen Glanz auftragen und trocknen lassen. Nehmen Sie die Perlen vorsichtig vom Spieß, und glätten Sie etwaige Unebenheiten beim Fadenloch. Perlen auf eine Kordel oder einen Lederriemen auffädeln.

Vase mit Kupferstiel

MATERIALIEN
Mittelstarker Karton
Abdeckband
Mehl
Wasser
Zeitungspapier

WERKZEUGE
Metallineal
Schere
Winkellineal
Bleistift
Schnur

Dekorations-materialien siehe S. 80

EINE VASE, die auf kupferner Verzierung schwebt; der elegante, spitze Kegel, belebt durch eine Kombination aus Indigo auf der Außen- und glitzerndem Metall auf der Innenseite, ist der perfekte Behälter für ein Ensemble aus Pfauenfedern oder Trockenblumen. Wenn Sie aber ehrgeizig und abenteuerlustig sind und einen Lötkolben haben, können Sie ein atemberaubendes, glitzerndes Bouquet aus Messing fertigen, zum Beispiel Sterne, Herzen, Blätter oder Tropfen, die an Kupferdraht befestigt sind und bei jedem Windhauch tanzen und glitzern.

Diese Vase, deren unregelmäßige, schattig glänzende Oberfläche die Finesse von Blattmetall demonstriert, besitzt ein einfaches Fundament aus Karton; die samtige Farbtiefe kommt von losem Pigment. Das Resultat ist ein feines und elegantes Stück wie eine umgedrehte Stechapfel-Blüte. Zwei von ihnen würden einen Fenstersims zieren, unterschiedliche Größen und harmonisierende Farbtöne ergäben ein hübsches Set.

Samtfarben
Bei diesem eleganten Trio verleiht die lose Pulverpigmentfarbe den Vasen einen matten, erstaunlich tiefen Farbton, der im lebhaften Kontrast zum geschwungenen Kupferstiel und dem Glanz des Blattmetalles steht.

Kostbare Metallschale
Nichts verleiht so viel Glanz und Glamour wie Blattmetall. Es ist etwas kniffelig aufzutragen, aber Sie werden schnell Spaß daran haben. Eine Kombination aus Gold, Silber und Kupfer sieht wunderbar opulent aus.

Die Vase herstellen

Die glatte, elegante Linie dieser Vase ist leicht herzustellen. Mit etwas mehr Übung können Sie auch andere Grundformen ausprobieren.

1 *Schneiden Sie ein Kartonquadrat von 42 cm Seitenlänge zu. Für die Kurvenform messen Sie an der oberen linken Ecke mit einem Winkelmesser 25 Grad ab; mit dem Bleistift anzeichnen. Knoten Sie einen Faden an den Bleistift, und halten Sie diesen aufrecht. Mit der anderen Hand ziehen Sie den Faden straff und halten sein Ende an die untere linke Ecke. Zeichnen Sie eine Kurvenlinie von der oberen linken zur unteren rechten Ecke.*

2 *Entlang der Kurvenlinie ausschneiden und den Karton zusammenrollen, so daß er einen Kegel bildet. Der Karton erhält dadurch die doppelte Dicke. Befestigen Sie die Kante mit kleinen Stücken Abdeckband, und fixieren Sie sie entlang der ganzen Länge mit Abdeckband.*

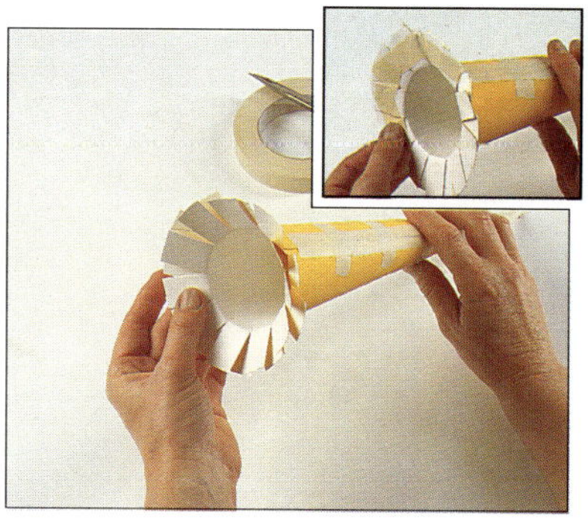

3 *Machen Sie am oberen Rand mit einer Schere bei jeder Kartonschicht einzeln etwa 3 cm tiefe Einschnitte. Etwa 1,5 cm Abstand zwischen den Schnitten lassen. Biegen Sie die eingeschnittenen Enden um, sie bilden den Rand. Bringen Sie beidseitig kleine Streifen Abdeckband an, um den Rand zu fixieren und zu glätten (siehe kleines Bild).*

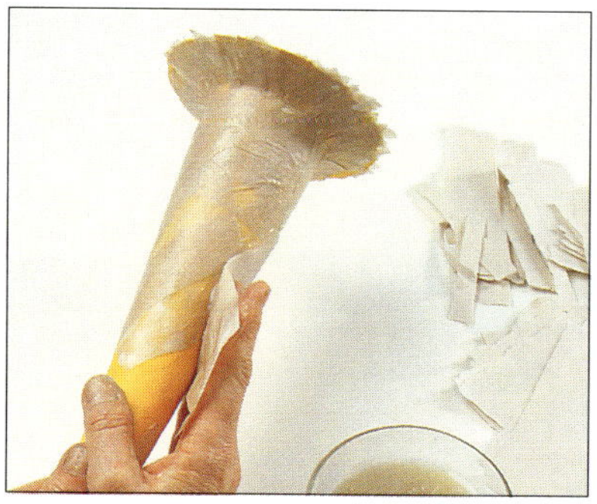

4 *Verquirlen Sie für den Kleister auf kleiner Flamme 1 Eßlöffel Mehl mit 315 ml Wasser, bis die Mischung zu kochen beginnt. Abkühlen lassen. Kleine Streifen Zeitungspapier bis zu einer Tiefe von 7,5 cm im Vaseninneren anbringen und die Außenseite mit überlappenden Streifen bedecken, den Rand mit zwei Schichten. Die Kante nicht versäubern. Über Nacht trocknen lassen.*

Die Vase verzieren

MATERIALIEN

Gesso
Acrylfarbe in Pink
kobaltblaues Pulverpigment
Fixiermittel
weiche Künstlerpastellfarbe in Lila
rostrotes Grundiermittel
goldener Grundierleim
unechtes Blattkupfer
Bronzemetallpulver
1,5 m Kupferrohr mit Feinbohrung, 5 mm dick
dünnes Messingblech
dünner Kupferdraht

WERKZEUGE

Pinsel
Wattebäusche
Schere
Gabel
Lötkolben

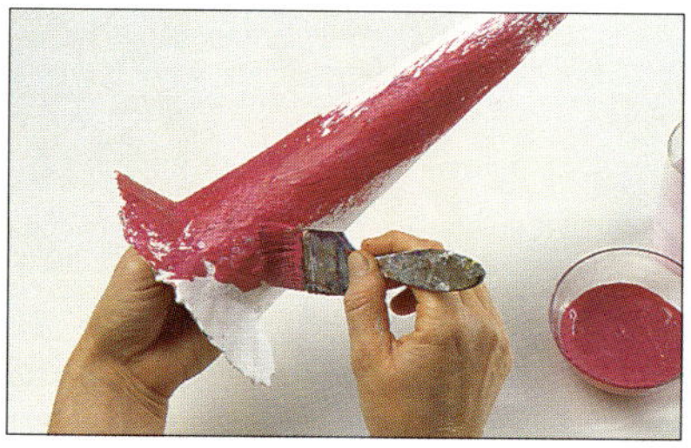

1 *Bestreichen Sie die Vasen innen und außen mit zwei Schichten Gesso, um die Oberfläche zu grundieren und den Karton zu verstärken. Nach dem Trocknen außen mit Acrylfarbe in Pink übermalen und wieder trocknen lassen.*

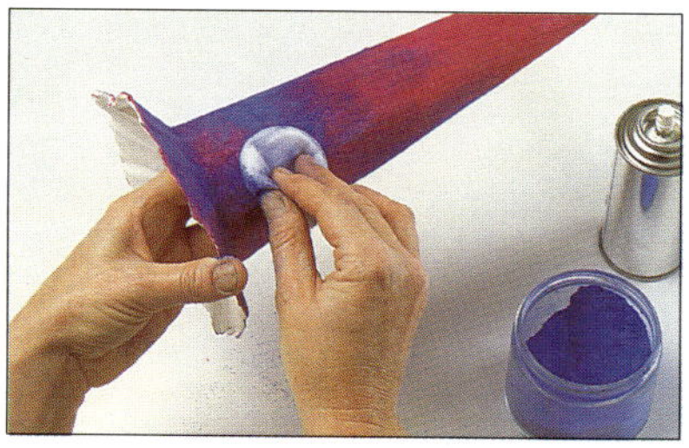

2 *Mit einem Wattebausch blaues Pulverpigment über die ganze Vase verteilen und verreiben, um eine interessante Wirkung zu erzielen. Mit Fixiermittel besprühen, um das Pulver zu festigen, dabei nichts einatmen. Das Mittel sollte schnell trocknen.*

3 *Reiben Sie weiche Künstlerpastellfarbe in Lila über den Vasenrand, und verreiben Sie sie mit den Fingern, um intensive Farbflecken zu erzeugen. Mit Fixiermittel besprühen.*

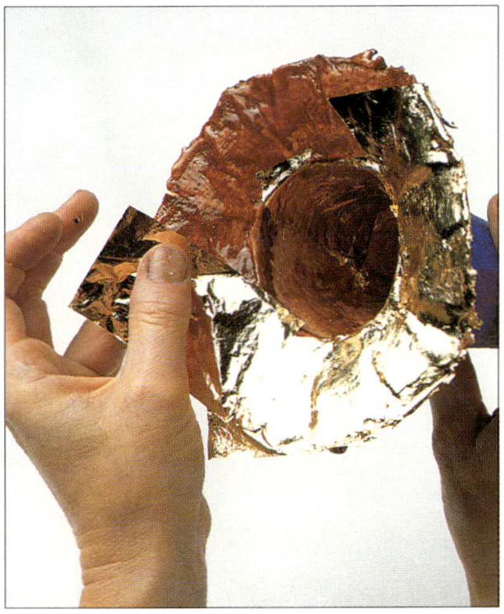

4 *Bemalen Sie das Innere mit rostrotem Grundiermittel. Nach dem Trocknen tragen Sie innen und auf dem Rand eine dünne Schicht goldenen Grundierleims auf. 30 Minuten trocknen lassen. Legen Sie Blattkupfer auf den Leim, pusten Sie darüber, um Falten zu entfernen, und glätten Sie es mit den Fingern. Danach etwaiges überschüssiges Metall mit den Fingern abreiben.*

5 *Tauchen Sie einen Wattebausch in Bronzemetallpulver, und klopfen Sie es über der Vase leicht aus, so daß der Staub auf den Leim im Inneren fällt. Decken Sie die Arbeitsfläche gut ab, da Bronzemetallpulver überall hingelangt. Die geleimten Flächen mit Pulver bedecken und mit Fixierspray festigen.*

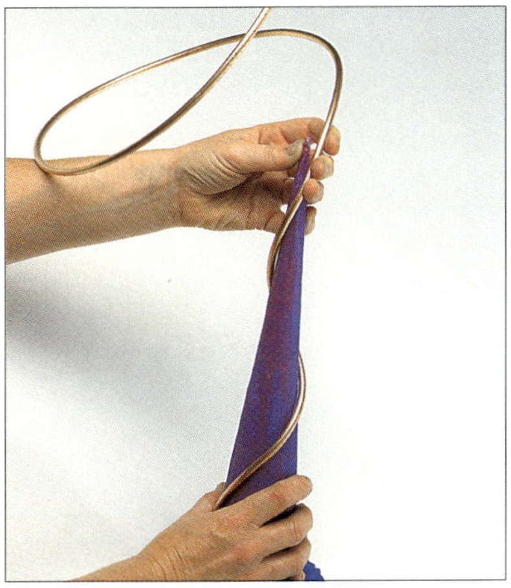

6 *Nehmen Sie das Kupferrohr, halten Sie das obere Ende fest, und wickeln Sie es zweimal um die Vase. Mit dem unteren Ende formen Sie einen flachen Boden.*

7 *Für die Kupferstiele schneiden Sie aus einem Stück dünnem Messingblech verschiedene Formen, etwa Kreise, Herzen, Blätter, Tränen und Sterne, aus. Um Muster einzugravieren, drücken Sie das Ende einer Gabel fest auf die Oberfläche.*

8 *Nehmen Sie ein Stück dünnen Kupferdraht von 70 cm Länge. Legen Sie Ihn auf eine Blechform, und befestigen Sie ihn mit einem Lötkolben (Gebrauchsanweisung beachten). Fertigen Sie ein Paar Kupferstiele mit einer Messingform am Ende. Diese Stiele können nun die Vase zieren.*

Bol-Schale

MATERIALIEN
Frischhaltefolie
Zeitungspapier
Hasenhautleim
Wasser
Hasenhautgesso

WERKZEUGE
Schale als Form
Heißwasserbad
Pinsel
Siliciumcarbidpapier

Dekorations-materialien siehe S. 84

DIESE TRAUMHAFTE SCHALE ist eine tolle Übung für Könner mit Geduld, bei der traditionelle Methoden und Materialien eine professionelle, marmorglatte Oberfläche erzielen. Die Künstlerin, die diese große Schale mit einem Durchmesser von 38 cm gestaltet hat, demonstriert unwahrscheinliche Fertigkeit und viel Erfahrung. Dieses Stück ist nicht so schwierig herzustellen, obwohl man sich dafür schon einige Zeit nehmen muß.

Seine kühle, glatte Perfektion kommt von vielen Schichten Hasenhautgesso auf geschichtetem Papiergrund. Das Resultat ist schwerer und stabiler als einfaches Papiermaché und das Gesso läßt vergessen, daß die Schale nur aus Zeitungspapier besteht. Zartes, tiefblaues und schieferbraunes Pigment wurde mit Bol, einer feinen Lehmart, aufgetragen und verleiht dadurch der Oberfläche zusätzliche Eleganz. Schließlich ist dieses raffinierte Stück noch mit ein wenig Wasservergoldung überzogen, dessen ursprünglich harter Glanz mit einer geheimnisvollen Zutat aus der Hexenküche abgeschwächt wurde, nämlich mit einem hartgekochten Ei. Dieses Stück ist die Vollendung, auf die Sie zurecht stolz sein können.

Schwarze Schönheit
Diese Schale muß man einfach berühren. Die geduldige Arbeit mit Gessoschichten verleiht der Oberfläche verführerische Festigkeit und elegante Glätte. Die Kombination aus poliertem Bol und antik aussehendem Silber ist ein Meisterwerk aus Papier.

Gesso-Finesse
Bescheidene Ursprünge, die mit an Wunder grenzendem Können verwandelt wurden; wählen Sie Farbe und Motiv nach Belieben, eine Kombination aus Papier und Gesso ergibt ein Stück voller Raffinesse.

Die Schale herstellen

Diese Schale ist vielleicht das anspruchsvollste Stück in diesem Buch. Sie benötigt etwas Zeit und auch einen gewissen Perfektionismus bei der Fertigstellung.

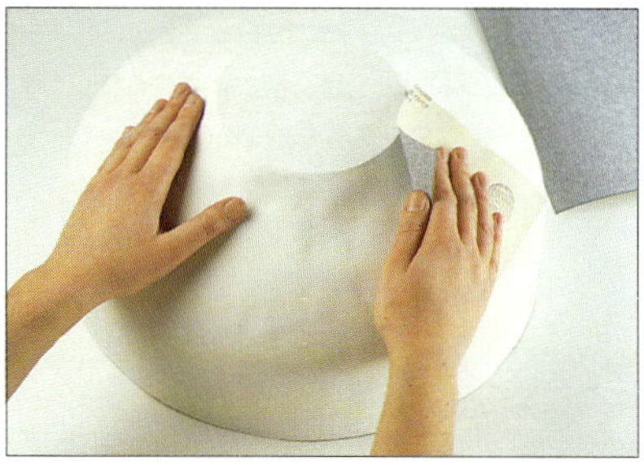

1 Bedecken Sie die Form mit Frischhaltefolie, und bekleben Sie sie von oben nach unten mit 10 Schichten Papierstreifen. Verwenden Sie dabei eine Mischung aus 1 Teil Hasenhautleim und 10 Teilen Wasser, die Sie langsam in einem Heißwasserbad wärmen, bis der Klebstoff heiß ist. Die Schüssel trocknen lassen und von der Form lösen.

2 Bestreichen Sie das Äußere und dann auch das Innere der Papierschale mit Hasenhautgesso. Trocknen lassen, insgesamt 10–20 Schichten auftragen, dazwischen immer trocknen lassen. Je mehr Gessoschichten die Schale erhält, desto schöner wird die Oberfläche.

3 Die Oberfläche mit Siliciumcarbidpapier abschleifen und Beulen und Unebenheiten beseitigen, bis sich die Schale so glatt wie Porzellan anfühlt.

Die Schale verzieren

Der dunkle Glanz von Bol bildet einen idealen Hintergrund für unser Zauberrezept aus antikem Silber und einem Ei.

MATERIALIEN
blauer Bol
Hasenhautleim
blau-braune Bolmischung
brauner Bol
Pauspapier
Abdeckband mit geringer Klebrigkeit
Wasser vermischt mit denaturiertem Alkohol
unechtes Blattsilber
hartgekochtes Ei
extrafeine, weiße Politur

WERKZEUGE
Nylonstrümpfe
weicher Pinsel
feine Stahlwolle
Schere
Bleistift
Vergolderpinsel
Anschließer
Wattebäusche
Achatpolierer

1 Mischen Sie 1 gehäuften Teelöffel Bol (eine feine Tonart) mit ein wenig Hasenhautleim (sollte nicht wärmer als Körpertemperatur sein), bis die Mischung die Konsistenz von Sahne hat. Durch Nylonstrümpfe drücken. Tragen Sie mit einem weichen Pinsel mit raschen Bewegungen drei Schichten blauen Bol auf, gefolgt von zwei Schichten blau-braunem und einer Schicht braunem Bol.

2 Nach dem Trocknen nehmen Sie ein Stück feine Stahlwolle und polieren damit die Oberfläche, bis sie sanft glänzt.

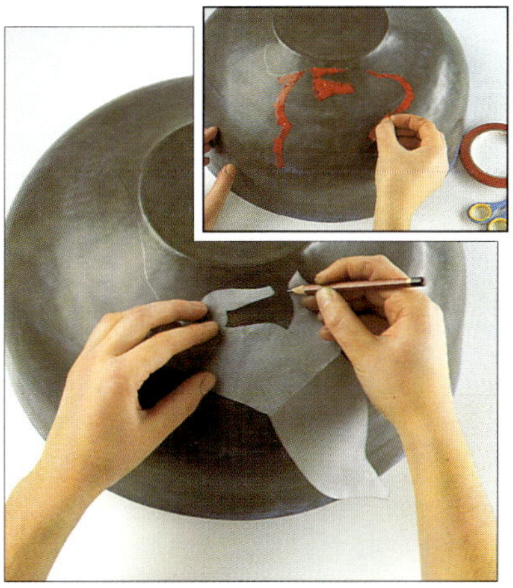

3 Schneiden Sie dekorative Formen aus Pauspapier aus (hier sind es Tierformen), und pausen Sie die Konturen mit Bleistift auf die Außenseite der Schale. Diese Formen werden versilbert. Kleben Sie kleine Stücke Abdeckband rund um die gezeichnete Kontur, um die zu versilbernde Fläche abzugrenzen.

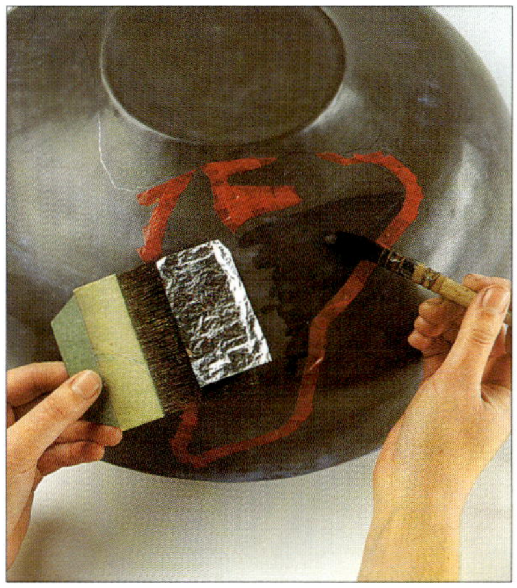

4 Mit einem Vergolderpinsel (Fehhaarpinsel) tragen Sie Wasser vermischt mit einem Tropfen denaturiertem Alkohol auf die zu versilbernde Fläche auf. Das Wasser bringt den Hasenhautleim im Gesso zur Oberfläche und festigt so das Silber.

5 Legen Sie rasch ein Stück Blattsilber auf die feuchte Stelle, verwenden Sie dabei einen Anschließer. Mit einem weichen Pinsel in Position klopfen. Auf diese Weise die ganze abgegrenzte Fläche bedecken und trocknen lassen.

6 Reiben Sie mit einem Wattebausch über die Silberoberfläche, und entfernen Sie überlappende Stücke. Ziehen Sie vorsichtig das Abdeckband ab, die versilberte Fläche kommt dabei zum Vorschein.

7 Polieren Sie die versilberten Flächen mit einem Achatpolierer. Damit wird das Silber festgepreßt, Falten werden geebnet und die Schale zum Glänzen gebracht. Für einen weiteren Ziereffekt stellen Sie die Schale verkehrt über ein gehacktes, warmes, hartgekochtes Ei. Der Schwefel im Ei läßt das Silber anlaufen. Tragen Sie mit einem weichen Pinsel weiße Politur auf, um die Schale zu versiegeln. Mit feiner Stahlwolle polieren; nochmals mit Politur überziehen.

Festliche Sternschale

MATERIALIEN:
Ballon
Karton
Schnur
Zeitungspapier
PVA-Leim
Wasser
goldenes Hochglanzpapier
rote Acetatfolie
Pergament
glänzender Lack

WERKZEUGE
Teller
Schere
Skalpell
Blumentopf
Haushaltspinsel
Bleistift
Lackierpinsel

Diese originelle Technik, Acetatfolie in kräftigen Glasfarben in Papiermaché einzufügen, läßt sich (mit der gebührenden Vorsicht) auch auf Laternen übertragen, in denen ein kleines Nachtlicht flackert. Ein solches Licht begrüßt Besucher, Sie können aber auch eine Laterne von einem Baum hängen lassen und Ihren Garten mit Sternen übersäen. Oder Sie können sie einfach als Dekoration verwenden und mit Weihnachtsflitter füllen.

Statt der roten Sterne lassen sich auch einfache geometrische Formen in allen Regenbogenfarben für ein Kinderzimmer einfügen, oder, wenn Sie ein eher elegantes Stück wollen, fügen Sie schmale Streifen in leuchtendem Blau auf schwarzem und silbernem Grund ein. Die Kombination deckender und transparenter Farben zaubert auf einem sonnigen Fensterbrett Sterne auf ihre Wände. Bei Kerzenlicht verbreiten diese einen geheimnisvollen Glanz.

Weihnachtssterne
Das Weiß und Gold dieser Schale sind eindeutig Festfarben, die durchsichtigen tiefroten Sterne verleihen ihr ein weihnachtliches Flair. Stellen Sie gleich einige davon her, um Ihr Fensterbrett zu zieren.

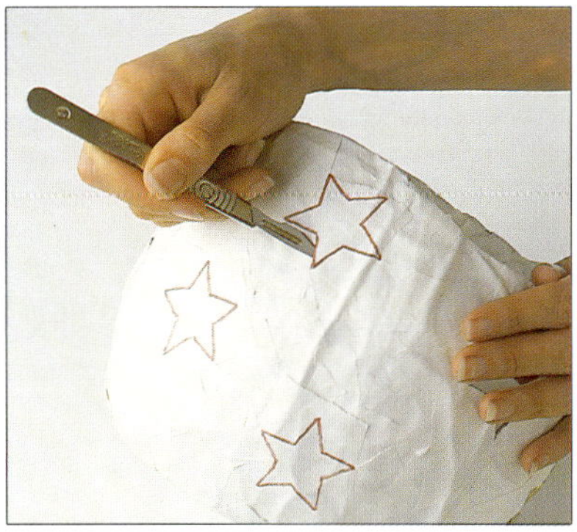

1 *Stellen Sie mittels einer Ballonform eine Papierschale her (siehe S. 30). Reißen Sie die obere Kante rundherum ein, um einen welligen Rand zu erhalten. Fertigen Sie eine Sternschablone aus Karton, und zeichnen Sie damit auf der ganzen Außenseite der Schale Sterne auf, die Sie dann mit einem Skalpell von außen ausschneiden.*

2 *Festigen Sie die ausgeschnittenen Kanten mit schmalen Streifen Hochglanzpapier oder Folie, wobei Sie das Papier von außen nach innen befestigen. Fügen Sie über jedem Punkt des Sternes einen dünnen Streifen hinzu, so daß er komplett mit Gold umrandet ist.*

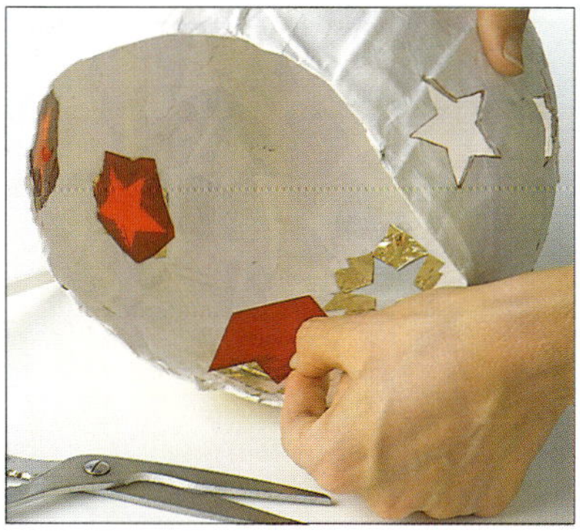

3 *Kleben Sie mit PVA-Leim innen rote Acetatfolienstücke über die ausgeschnittenen Sterne. Mit einem Gewicht in Position halten, bis sie trocken sind. Danach gerissene Pergamentstreifen auf die Außenseite der Schüssel kleben, dabei einen schmalen Goldrand um jeden Stern lassen, und im Inneren kurze Streifen Hochglanzpapier anbringen. Die Schale mit einer Schicht verdünntem PVA und mit glänzendem Lack überziehen.*

Ideen zum Ausprobieren

Nun, da Sie mit den Grundlagen von Herstellung und Formen vertraut sind, lassen Sie Ihrer Kreativität freien Lauf; toben Sie sich mit verschiedenen Farben, Pulvern, Fäden, Steinen und allem, was Ihnen einfällt, aus. Halten Sie die Augen offen und Sie werden auch Verwendung für Federn, Glitter, Glanzbänder, gemusterte Muscheln, Kupferdraht und Glasscherben finden.

► Gestopft
Diese Schale aus Papierbrei wurde mit besticktem Stoff und Papier beklebt. Die Bögen sind mit goldenem Seidenpapier überzogene Schnüre, denen wir mit Schuhcreme einen Antikeffekt verliehen haben.

► Kalligraphie-Kelch
Dieses Werk stammt von einer Schriftkünstlerin, die gerne auf Papiermaché arbeitet. Die Schale wurde über einer Glasform gefertigt, ihre glatte Oberfläche erhält sie von einer Bandschleifmaschine.

◄ Mittelalterliche Schatulle
Mittelalterliche Kirchenornamente bildeten die Grundlage für diese Schatulle. Sie wurde aus Karton gefertigt, mit Schnur, Kartonformen und Perlen geschmückt, mit Emulsions- und Plakatfarben bemalt, lackiert und mit goldener Acrylfarbe betupft.

▲ Zebrauhr

Diese Uhr wurde aus einem einfachen Kartonrahmen und Papierschichten geformt und bringt ein bißchen Humor auf jeden Sims. Sie wurde mit Acryl- und Emulsionsfarben bemalt und kontrastreich mit japanischem Papier beklebt. Das Zebra besteht aus Papierbrei.

◀ Sockelschale

Der röhrenförmige Sockel dieser Schale, ist aus mit PVA-Leim bestrichenem Zeitungpapier und wurde nach dem Trocknen an die Schale geklebt. Sie wurde mit Acrylfarben bemalt, mit goldener Gouachefarbe betupft und vor dem Lackieren mit einer Collage verziert.

▲ Standhafter Schrank

Dieser hübsche, 1,80 m hohe Schrank besteht aus Papierbrei, der auf Sperrholz aufgetragen wurde. Wellenlinien, Tupfen, Dreiecke und Wirbel aus Papierbrei lockern ihn zusätzlich auf. Der Schrank wurde mit Acrylfarben betupft und mit Farbfolie verziert, die Reliefverzierung wurde vergoldet.

◀ **Bemalte Seidenuhr**
Bei dieser Uhr haben wir zuerst Seidenpapier mit trockenen Pigmentfarben, Metallpulvern, Acryl- und Ölfarben verziert. Nach dem Trocknen wurden Schichten des bemalten Seidenpapiers auf eine Form aus Spanplatten geklebt. Der Uhrmechanismus ist leicht zu befestigen.

▼ **Ein Spitzenrahmen**
Dieser ungewöhnliche Rahmen besteht aus einer Kartongrundlage, die mit Zeitungspapier bedeckt und mit Farbe, buntem Seidenpapier, Zeichenpapier und Zuckerpapier verziert wurde. Spiegelscheiben wurden auf den Rand geklebt und glänzende Akzente aus Blattgold gesetzt.

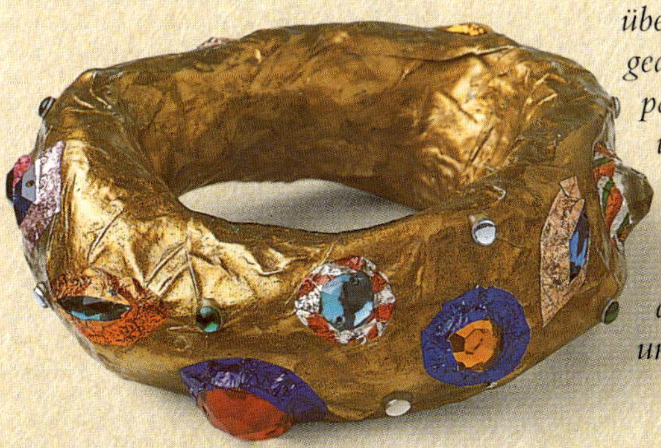

◀ **Wuchtige Armreifen**
Hier haben wir Papier über ein Stück gedrehtes Zeitungspapier geschichtet und zu einem Kreis zusammengefügt. Verziert wurde er mit goldener Farbe, Folie und Glassteinen.

◀ **Exotische Ohrringe**
Diese Ohrringe aus Papierbrei wurden mit Acrylgesso versiegelt, mit Metall-, Gouache- und Wasserfarben sowie Metallpulver verziert und anschließend lackiert.

▶ **Ein bezaubernder Anblick**
Bei diesen dekorativen Stücken wurde Papier auf einen Kartonrahmen geschichtet. Der Elefant auf der Schachtel wurde mit einer Tonform gebastelt. Sowohl Schrank als auch Schatulle wurden mit Gouachefarben bemalt, mit kleinen runden Shisha-Spiegeln verziert und lackiert.

Schablonen

Hier finden Sie die Schablonen für zwei der Werkstücke in diesem Buch. Vergrößern Sie sie mit einem Kopierer auf die gewünschte Größe, verändern Sie dabei aber die Proportionen nicht.

Dreispitz-Vase
(S. 24)

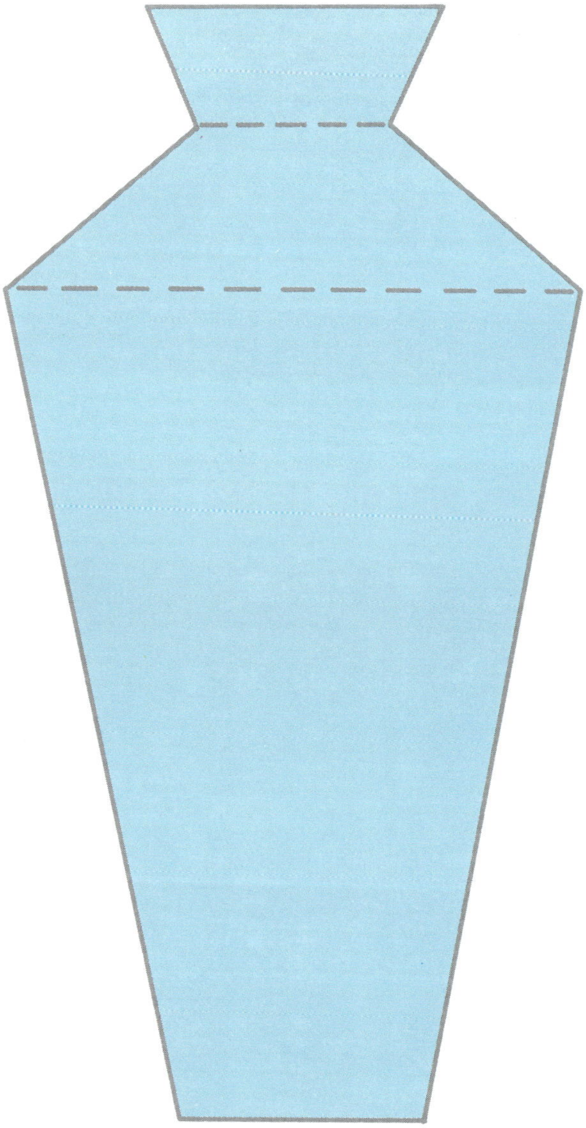

Kitsch-Schatulle
(S. 52)

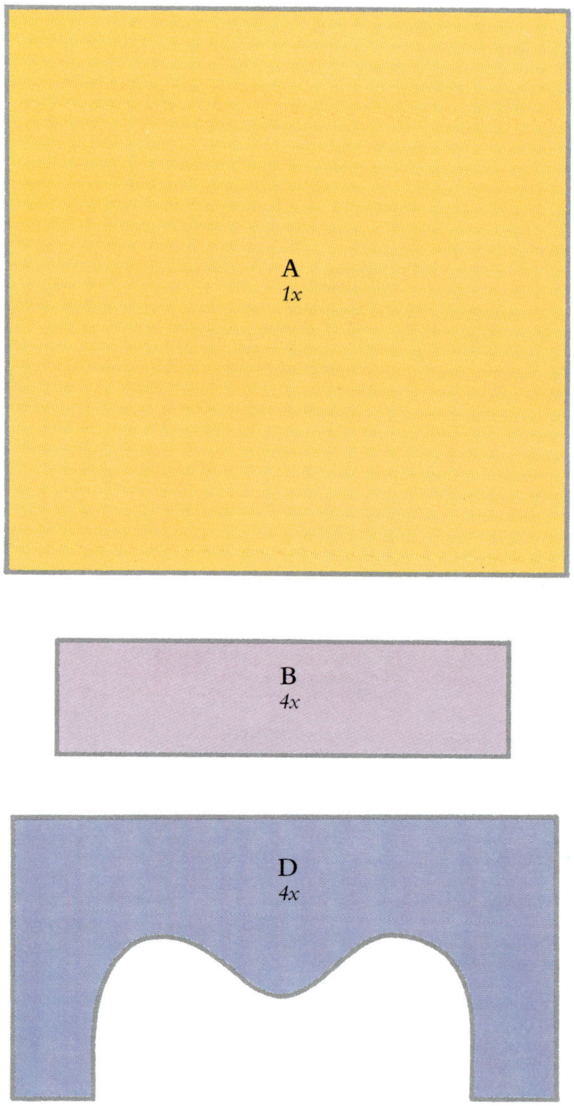

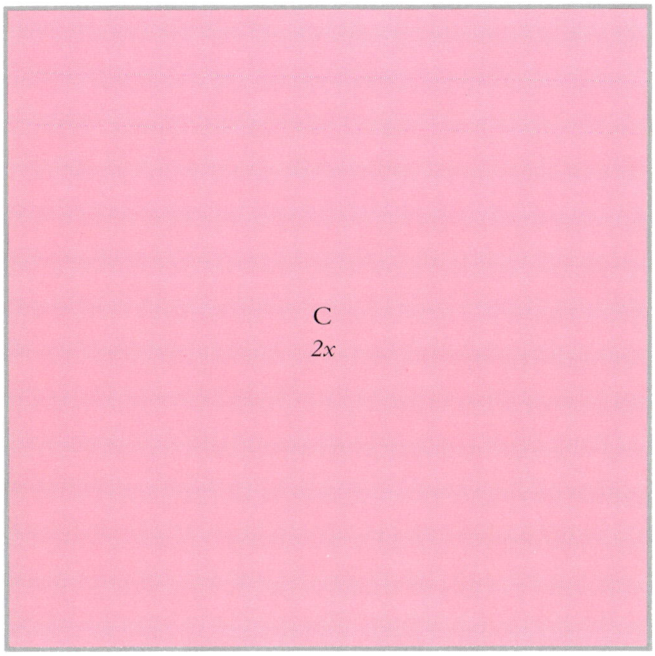

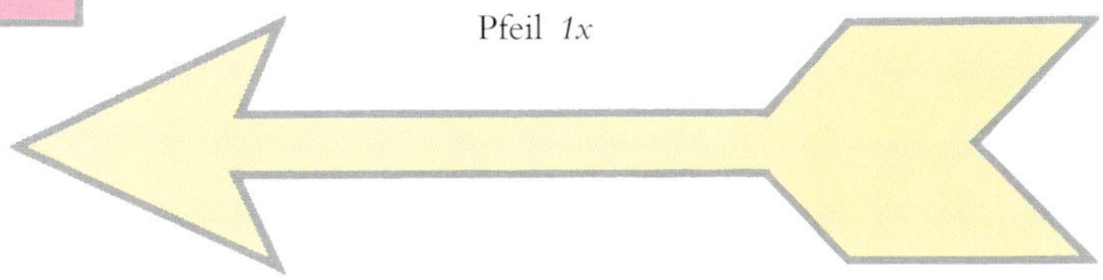

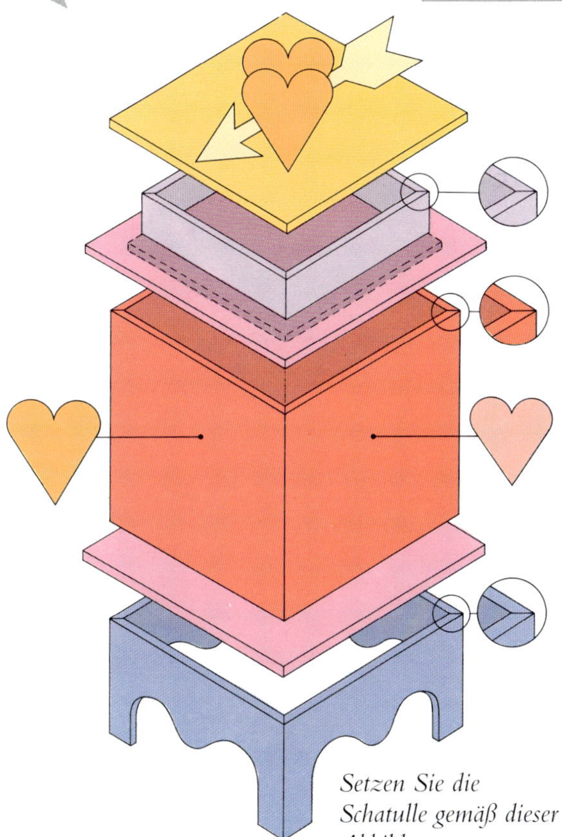

Setzen Sie die Schatulle gemäß dieser Abbildung zusammen.

Index

A
Abdeckband 8
Abpausen 23, 48
Acetatfolie 86–87
Acrylfarbe 59
Antikisierungseffekte 24, 65, 69
Armreif 91
Aufbauformen
- auskleiden 14, 18
- Ballons 28–30
- bedecken 9
- einfetten 22
- komplizierte 32
- Schalen 12–19

Aufziehkarton 26
ausgeschnittene Motive 20, 66–69
Ausrüstung 8–9

B
Ballons 9, 28–30, 86
betuchte Spiegel 44–47
Bienenwachs 31
Blattmetall 28, 31, 78–81
Bleistifte 9
Bol 9, 82–85
Buntstifte 9, 51

C
Collage 12, 24, 44

D
Deckel
- Schachtel 54–55
- Topf 48–51

Drahtgitter 9, 44–46
dreidimensionale Verzierung 20–22
Dreispitz-Vase 24–27, 92

E
Elefantentopf 48–51
Emulsionsfarbe 23, 27, 51

F
Farbtypen 9
Faschingsmaske 56–59
festliche Sternschale 86–87
Fisch 62–63
Fischform 63
Fischplatte 20–23
Fixiermittel 32, 51
flippige Uhr 40–43
Formen 9, 39–63
fotokopierte Motive 23–24, 44, 47, 66
Frischhaltefolie 14, 18, 84

G
Gefäße 32–33
Gerüste 39–63
Gesso 28, 56, 65, 80, 85, 91
- Hasenhaut 82, 84

Gouache 20, 47, 55, 73, 91

H
Haarspray 27
Hahn 63
Hasenhautleim 8, 84–85
himmlische kleine Schalen 16–19

K
Kalligraphie 66, 88
Karton 8–9, 39, 58–60
Kaseinfarbe 76
Ketten 7, 74–77
Kitschschatulle 52–55, 92–93
Klebstoffe 8
Kranzrahmen 61

L
Lack
- Arten 9
- auf Wasserbasis 43, 86
- Boden 62
- glänzend 23, 55, 59, 73, 77
- Papier 16–19
- Spritzlack 23, 32

Laternen 86

M
Masken 56–59
Materialien 8–9
Metallpulver 9, 15, 27, 80–81
mittelalterliche Schatulle 88
Möbel 6, 24, 89
Modellieren 39–63
Motive
- fotokopiert 23–24, 44, 47, 66
- gepaust 23, 48

Muscheln 20–22, 52, 61

O
Oberflächen 6, 65–91
Ohrringe 70–73, 91

P
Papier 8
Papierbrei 14, 18, 32
- mit Sägemehl 30

Papiermaché
- geschichtet 20–23, 27
- Verwendungen 6–7

Papiermaché-Schichten 20–23, 27
Perlen 74–77
Pinsel 9
Platte mit Fischen 20–23
Politur 27, 31, 69
prunkvolle Ohrringe 70–73
Pulver 9, 27, 80–81
Puppen 60
PVA-Leim 8, 14, 22, 32

R
Rahmen 9
- Kranzrahmen 61
- Spiegel 46–47
- Spitzenrahmen 90
- Sternenrahmen 62
- Wappen 61

reaktive Farbstoffe 16–18

S
Sägemehl 28, 30
Schablonen zum Zuschneiden 92–93
Schablonen für Muster 48, 66
Schachteln
- Elefant 91
- Fisch 62

Schalen
- Bol 82–85
- himmlische kleine Schalen 16–19
- Kalligraphie 88
- mit besticktem Stoff 88
- mit festlichen Sternen 86
- mit Füßen 28, 36
- mit Kartonbasis 31
- mit Seidenpapier 12–15
- mit Sockel 89
- schillernd 28–31
- Verzierung 28
- Vorschläge 34–37

Schatullen
- Kitsch 52–55, 92–93
- mittelalterlich 88

schillernde Schale 28–31
Schleifpapier 9, 59, 61
Schmettlerlingstablett 66–69
Schmuck 7
- Armreif 91
- Ketten 74–77
- Ohrringe 70–73, 91

Schmucksteine 65, 73
Schränke 61, 89, 91
Schirmständer 32, 48
Seidenpapier
- Schale 12–15
- Uhr 90

Skulpturen 39, 62–63
Sockelschale 89
Spanplatte 66
Spiegel 44–47, 90, 91
Spielzeugkäfer 62
Spitzenrahmen 90
stabilisieren 27, 32

Sternenrahmen 62
Sticken 88

T
Tablettes 20, 66–69
Tapetenkleister 8, 27
Teller 35
Ton 9, 54, 56–58, 60
Bol-Schale 82–85
Muscheln 20–22
Töpfe 48–51
Trompe-l´oeil 44
Tücher 9, 14
Tusche
Acryl 28, 31, 77
Gold 15

U
Uhren
mit bemaltem Seidenpapier 90
flippig 40–43
Muschel 61
Zebra 89
unechtes Blattmetall 31, 65, 76, 80
unechtes Blattgold 31, 36, 76, 77, 90

V
Vase mit Kupferstiel 78–81
Vasen 7
Dreispitzvase 24–27, 92
kugelförmig 60
mit Kupferstiel 78–81
stabilisieren 27, 32
Vergolden 78
Versilbern 82–85
Verzierung 7, 65–91
3-D 20–22, 54
Schalen 28
Vorschläge 88–91

W
Wachsvergoldung 15
wasserdicht machen 16, 32
Werkzeuge 8–9

Z
Zebrauhr 89

Danksagung

Die Idee für dieses Buch erhielt ich vom Crescendo an Kunstwerken, das in letzter Zeit die Kunstausstellungen belebt. Die Menschen, die an diesem Buch mitgewirkt haben, waren außergewöhnlich freigiebig mit ihrer Zeit und ihren Ideen, was typisch für ihre Zunft ist und sie selten macht. Menschen, die Dinge herstellen, sind einfach netter! Ich bin allen, die Stücke gefertigt haben, sehr dankbar; jedes Werk ist einzigartig; der Sturm an witziger, raffinierter, attraktiver Kreativität ist eine fröhliche Abwechslung in einer Welt, die von Gewinn und Verlust regiert wird. Vielen Dank an Circus Arts in Brighton, die viele Ideen und Stücke für dieses Buch zur Verfügung stellten, ebenso an Stuart Stevenson, der uns Farben und Papier lieh. Die schier unmenschliche Aufgabe, dieses Buch zusammenzustellen und zu redigieren, lag in Heather Dewhursts Hand, die sie mit vorbildlicher Effizienz und Ruhe verrichtete. Steven Wooster arrangierte die Rohmaterialien; Cilve Streeter ist einzigartig unter den Photographen. Gratulation auch an Marnie Searchwell für die einfallsreiche künstlerische Leitung und an Patrick Knowles für seinen Beitrag zu diesem Buch. Und schließlich ist es auch immer ein Vergnügen, mit Colin Ziegler zu arbeiten.